译林出版社

图书在版编目（CIP）数据

灵魂留香的女子 / 绾绾著．—南京：译林出版社，2015.8
ISBN 978-7-5447-5649-5

Ⅰ.①灵… Ⅱ.①绾… Ⅲ.①女性－名人－生平事迹－中国－民国 Ⅳ.①K828.5

中国版本图书馆CIP数据核字（2015）第165483号

书　　名	灵魂留香的女子
作　　者	绾　绾
责任编辑	陆元昶
特约编辑	周正朗
出版发行	凤凰出版传媒股份有限公司 译林出版社
出版社地址	南京市湖南路1号A楼，邮编：210009
电子信箱	yilin@yilin.com
出版社网址	http://www.yilin.com
印　　刷	三河市祥达印刷包装有限公司
开　　本	640×960毫米　1/16
印　　张	12.25
字　　数	133千字
版　　次	2015年8月第1版　2015年8月第1次印刷
书　　号	ISBN 978-7-5447-5649-5
定　　价	26.80元

译林版图书若有印装错误可向承印厂调换

目　录

前言 / 1

一生唱尽寂寞 / 1

——孟小冬

刚烈女子的爱情结局是有宿命的。当年，在最美好的年华遇到了那样美好的一个人，怎能不爱？怎能不痴？怎能不深情以往？可决绝并非情逝，而是强忍泪水，不再回头也不能回头，因为真爱总是无法回头。

十里洋场一枝花 / 20

——唐瑛

以唐瑛为首的旧上海的名媛们早已逃离过往的阴霾，从男人的背后走到台前，细眉红唇，轻摇小扇，她们的一颦一笑，高跟旗袍，皆是为自己而美。那高挑的眉梢，浅扬的嘴角，皆为自己惊世绝艳的美貌与才情而傲然独立，睥睨须眉。

情有多深，命有多劫 / 35

——陆小曼

只是，上穷碧落下黄泉，这世上便再无一人，会看到她微笑而嘴角扬起，看到她皱眉愿以身替之。这一切，陆小曼都明白，只是少了一个完完全全相属于彼此的人，却仿佛天地昏暗，寸草不生，荒芜的是她那颗年轻而千疮百孔的心。

四月天上的纸鸢 / 55

——林徽因

林徽因的魅力当真是出众的，但这种吸引力与陆小曼、唐瑛等人带有侵略性的美丽又是不同的。林徽因更像一朵空谷幽兰，静静地生长、绽放，其才学灵气早已超过了外在容貌的吸引力。

从云端到尘泥 / 74

——凌叔华

文化艺术气息的氤氲，凌叔华耳濡目染，从小在其中浸泡成长。这离别人世前短暂的“观光”，是一个在中国气息养育中长大的艺术灵魂的“根”的追寻，她的身心在此终于有了安息。

秋天的一把扇子 / 94

——张幼仪

从别人的配角到自己生活的主角，这原本是一出悲剧，她却用自己的隐忍和坚毅硬是将它唱成了一曲凯歌。一个精明、干练、勇敢而没有诗意的女子，虽没有赢得诗人的爱情，但是她赢得了一个幸福人生，这人生，是她自己争取到的。

她的风流和糟糠 / 115

——赵一荻

这样的岁月，在常人早已无法忍受。一个是勇敢无畏的民族英雄，一个是倔强痴情的大家闺秀，他们既能在战火纷飞中傲然并立，也能在孤独寂寞中暗自芬芳。这份清静中，他们可以向内反思，修研史书，思索生命的意义，让自己更加豁达澄澈。

繁华后的憔悴 / 133

——盛爱颐

在舞厅里，人们还能时常看到那些叱咤风云的“老克拉”们，优雅地舞动着身体，在缅怀百乐门曾经的辉煌。而为这上海滩创造了这一胜景的，便是那传奇女子盛七小姐。民国，上海滩从来不乏传奇的，而盛七小姐所缔造的，是连男儿都望尘莫及的神话。

情多累美人 / 150

——王映霞

面对这样一个郁达夫，王映霞触到了一个有血有肉的真实人儿，她曾经也爱他爱得海誓山盟。但佳人多半娇嫩如水仙，需要心胸豁达之人去精心呵护，郁达夫不懂，他的文人情怀终也是做不到的。

低到尘埃，高到盛放 / 166

——张爱玲

张爱玲小说中经常出现反差极大的事物间赤裸裸的对比，桃红配柳绿、显赫与破败、粉红与暗灰、甜蜜与悲凉……大抵，也源于她早期生活中仍历历在目的一些繁华与落寞相交织的人与事吧。

前　言

历史的车轮碾过岁月积淀，世代豪情辈出的多是男人，可男人独角怎能撑起历史这部凝重的大戏？男人的风光是刀光剑影，是运筹帷幄，更是叱咤风云，因为他们永远站在台前，炫耀的正是这华丽的权力。他们的背后，多少红颜的才情骄傲都化作了那滴朱砂泪，落在胸口，也落入世人眼中。

乱世本就兵荒马乱，生活疾苦。水深火热中，每个人都过得心惊胆战、如履薄冰。可乱世中的红颜，看着荒唐动荡的世界，依旧活出璀璨自我的生命，不怕飘零摇摆，更不惧心碎神伤。许多人怨恨生不逢时，可生命这东西没法选择，而命运似乎更无可更改，是怎样的人就会活出怎样的模样。精彩与否，后人如何评价，都不及自己活得畅快淋漓，无怨无悔。

世人说，成功的男人背后都有一个默默无闻的女人；而我说，绝世的红颜背后都有一个令她心驰神往的男人。因为这份情怀，她必须奋发图强；因为那份伤神，她必须坚强有力，这样她才能撑起自己的世界，让男人刮目相看，让女人轻叹不已。

我们遥望一下民国时期的红颜们，有那么多个女子傲岸如男子，有那么多个女子才情四溢，更有那么多个女子让人倾慕咋舌。这女子不论是绝世名伶孟小冬、交际女王唐瑛、旷世佳人陆小曼，还是诗意女神林徽因、高门巨族的凌叔华、商业传奇张幼仪，更不用说赵四小姐、盛七小姐、王映霞这些名门淑媛，最有才情的怎能被遗忘的张爱玲，她们的一生都是风云传奇的一生，让人品咂不厌，齿有余韵。如若将这些奇女子聚到一起，那是多么惊艳的事情。可历史容不得半点轻狂恣意，束手无策的我们怎能让历史掩埋了她们的华丽轨迹？

于是，我们重新回到她们开始发光的时刻，把每个女子的生命再唤醒一次，始看到红颜和普通女子并无二致。大抵是女人对世界的要求都差不多，就是得到自己想要的男人，并且和这个男人一起共度一生。可这貌似简单的幸福，却奢侈到让女人的生命多了那么大一个缺口。

一生唱尽寂寞

——孟小冬

1

韶光易逝，一如姹紫嫣红，不过转瞬间。谁家女子不希望在年华正好之时遇见那个正好出现的人，姻缘这般才羡煞旁人。

《牡丹亭》惊梦一折，杜丽娘未见柳梦梅时，自惜青春容颜无人赏，幽幽而道："则为俺生小婵娟，拣名门一例一例里神仙眷。甚良缘，把青春抛的远。……想幽梦谁边，和春光暗流转。"待柳梦梅初见杜丽娘，已是神魂颠倒："则为你如花美眷，似水流年。"从此青春寄于这赏花人，神仙眷侣，相看两悦。便是后来黛玉听到这里，也不禁要痴倒醉倒的。这便是戏曲的魅力。金风玉露一相逢，就要相知相随的。这事情仿佛与天地同生，从来如此，也须得如此。梅孟本就是戏里的人，那一年执手，早胜却人间无数，像一切才子佳人故事的开头。

在二人合影的黑白照片中，梅兰芳长衫胜雪，轻执小扇，书生般清秀温雅。孟小冬则眼似明星，朗朗照人，纤美中倒有些淡淡的英气。在古代才子佳人的故事中，那佳人必是大家闺秀，才貌双全，而行止须是有些幽兰之气的，冬皇正是这般。梅公子倚在她身旁，坐得略高些，无论当日二人在戏台上如何非同凡响，此刻却只是欢喜幸福的，像世间任何一对简单温馨的恋人。

梅孟二人均出身梨园世家，一个旦角之王，一个须生之后，虽都声名鹊起，却未曾识得彼此真人。

孟小冬 9 岁开蒙，向姑父仇月祥学唱老生，12 岁首次登台，14 岁与当时的名角一起搭档，始显露大家风范。正值豆蔻年华的孟小冬，频繁演出于京津两地之间，天资聪颖的她在台风、演技上一点也不输给当时的著名男角老生，一时间风靡全国，被赞誉为“冬皇”。而当时红极一时的旦角乃是有“伶王”之称的梅兰芳，于是乾旦坤生在戏里颠倒阴阳的演出就成了最令人渴望也最令人激动的期待。

其实二人最初同登戏台，演作恋人，实在不过是一帮爱热闹、爱起哄的看客催生出来的。当年男女演员若要同台合作是只能唱堂会戏的。在 1926 年的一次堂会上，梅孟同时受邀到场，戏迷们方才有了这观看二人同台的难得机会，而同台曲目《游龙戏凤》自然亦是这些人提出的。

《游龙戏凤》虽是一出著名的生旦对儿戏，但好事者似乎另有他趣，因为该出戏是讲述正德皇帝与李凤姐暗传情愫的故事。明代正德皇帝微服私访遇到了民间女子李凤姐，正德一番挑逗戏弄，最终抱得美人归。在舞台上将会是一个饰旦角的男人与一个饰须生的女人共同演一场眉来眼去、打情骂俏的对手戏。也许看客对戏份儿已经熟悉得不能再熟悉了，可他们却是第一次看到当时的两个红角同台演出，鸾凤颠倒，或许他们更感兴趣的是饰演正德皇帝的孟小冬如何去挑逗饰演李凤姐的男人梅兰芳，人们兴奋不已。

孟小冬当日不过是不满20岁的少女，少女之情窦，往往是偏要迎着众人戏谑中的不胜羞怯而开放的。在欣赏艺术的人眼里，他们一个活泼俏皮，一个风流倜傥。看客们尚只见得戏台上的景象，然而在后台，梅孟避开喧嚣，那换装之时的相视而笑，倒比戏台上的故事更胜一筹了。换装之后，才是真正的才子佳人，又颠倒了戏里的鸾凤。孟小冬青春四溢，活泼俏皮，梅兰芳则风流倜傥，温文儒雅，但他们却又只像仍在戏中。于是爱情就在这样的初识中绽放。爱情是两个人的事情，一个芳华绚丽，一个温润柔情，怎能不两情相悦？怎能不倾心相许？论才华，除却她或他，谁能让彼此一见倾心；论表演，除却她或他，谁能让彼此如此默契。何况爱情与这些无关，这些只是让他们变得更加完美无缺。

戏剧里，生旦纵使遇到旁人阻挠，团圆结局也终是默然于心。师傅仇月祥当日是最反对孟小冬嫁梅兰芳的，他相信自己的这个女弟子是天生要属于戏台的，当时孟小冬不过20岁，戏台上的光辉远未至于灿烂盛极，怎能就这样为了一个男人而放弃呢？然而他无论怎样痛心与不舍，此时也无法改变那为情驱使的女子的决定了。

情窦初开的孟小冬变得奋不顾身，她似乎不能体会师傅的良苦用心，或者说她体会到了，也只能忤逆了师傅的意愿，因为她情不自禁地被梅兰芳吸引住了。她也许知道嫁人就意味着自己将要告别舞台，告别曾经令自己骄傲不已的璀璨历史，或者也许她仍旧期盼自己可以与心爱的人一直在舞台上默契表演，让自己的爱情像艺术一样永恒下去。

在舞台上，她扮演叱咤风云的大英雄，眉眼间流露的是果决勇敢的大情怀，豪情万丈，激情澎湃，独立担当。然而她骨子里盛装的永远是一个女人的世界。她崇尚爱情，喜欢温情浪漫，崇拜男人的才情与伟岸，因为女人的天性使然，她甚至也喜欢依附男人。

师傅终于在无奈中只身离开北京，多年的师徒情谊恩断义绝，而孟小冬也早已顾不得。台上须生之英一点也不输于台下真性情，率真到执拗。如果真的为了爱情，为了心爱之人，即使终生不再登台唱戏又如何，唱了如许年生旦情浓的故事，她自己早是一出戏了。既遇伊人，又何必再唱起别人的故事。

古时写戏的文人，从王实甫到汤显祖，中意的从来正是这样为情不顾一切的女子。崔莺莺或者杜丽娘，早不是像旁人那般柔弱温顺了。为情生，为情死，一言一语都轰轰烈烈起来，纤细的身子里仿佛瞬间便聚集了惊人的力量，倒是白衣小生，相较之下反而显得优柔寡断了。

却道民国虽是个新世界，唯戏子的角色仍是照旧的，纵使是名动天下如“冬皇”者，在梨园以外之人的眼里，不过仍只是个供人取乐的戏子罢了。台上的风光无限，不过是这方寸间短暂的幻象。戏子们曾为此默默忍下多少眼泪，终究是无人知晓的。小冬为一个权势之人所羞辱后，曾撂下豪言，往后此身要么不嫁人，要嫁只嫁更有权势者。然而她遇到了中意之人，新郎虽“不是阔佬，也不是督军省长之类”，她也是要为自己的一生做主的。她便就这样嫁作了人妇，怀抱着每一个女子终生的梦想。

就在孟小冬20岁那年，她终于成全了自己的爱情梦想，与梅兰芳喜结良缘。他们一位是“梨园冬皇”，一位是“伶界大王”，一举一动都是新闻，如果他们的爱情行动有丝毫风吹草动都会天下皆知，更何况是结婚呢?

在我们的想象中，他们的结合乃天赐良缘、珠联璧合，其结婚的场面一定是轰动热烈不可名状的。然而孟小冬与梅兰芳的美好恋情并非天下皆知，他们结婚的事情更是知情者甚少。为何？也许他们与戏纠缠一生，终究逃不出人生这出早已安排好的戏。

2

有人说人生如戏，想来这“戏”字当是指现代的戏吧，情节可如寻常生活一般纠葛不清、混乱难言；而戏中，才子与佳人，分隔与团圆，一见钟情而生死相随，一切皆秩序井然如行云流水，安然、坦荡有如从来之盛世。然而离了戏台，这一切都要面目全非的。恰如《霸王别姬》中，“虞姬”与“霸王”到了台下，也不过是落花有意而流水无情，落花一心念着戏文的内容，以为现实世事皆当如此，而流水早已忘了戏台上的世界。

或许最初二人换下戏装行头也还都是念着戏文里才子佳人的故事，心里也都存着这念想。只是那最初相视而笑、对唱俨然的美好，离了戏台的温存，便终于抵不过世事纷纭与人心变迁。戏文便只是中原大地上的童话，而成长中的人，自己都不知在何时开始忘却了当年的幻想。也正如“现世安稳，岁月静好”这几个字，从来都只能写在婚书里，而经不住成婚之后的漫长人生。

古来才子佳人的故事写到男女二人被允许成婚便是美满的结局了，若真要再写下去，也不外乎夫唱妇随，安稳终生，一如当初。

“你在那里作什么啊？”“我在这里作鹅影呢？”他回头凝视着她，她便笑了起来。然而这撇开世事的静谧的幸福，不过是一场短暂的烟火，那瞬间的光辉照亮了她的一生，却也徒然留下痛不可当的回忆而已。

梅孟确实结婚了，可这婚礼为何没有惊天动地呢？因为压根儿就没有婚礼。后来人们揣测，也许都是红遍京城的名角，结婚这等事不便大张旗鼓。然而让人不解的是，自他们相恋开始，到结婚甚至婚后很多年，都不曾将这份恋情公布于世。于是当年的婚礼，没有花轿，也没有奢华铺张，没有迎亲，更没有锣鼓喧天。嫁娶之事本就是秘密进行的，几乎将一切婚礼的豪华之事都精简去了。如此神神秘秘的婚礼，孟小冬难道心无芥蒂？哪个女子不希望与心爱的人结婚时受到众人的祝福？哪个女子不希望在一生只有一次的婚礼上惊艳现身？更甚的是他们的婚房竟然安在别家宅院中，让人情何以堪，而孟小冬却心甘情愿地接受了这一切。

如果不是情深至极，如果不是爱意浓烈，大名鼎鼎的“冬皇”怎能接受如此婚姻？两人的婚姻极尽避人耳目，遮遮掩掩这么多年，这是一个刚烈女子对爱的表达。

而孟小冬也自始至终未正式进过梅家的宅子。那宅子里的女主人是王明华，是福芝芳，而孟小冬却只能一直委身于别院。

梅兰芳在认识孟小冬之前就已经有两位夫人了。第一位夫人是王明华，第二位夫人是福芝芳，如果孟小冬嫁给梅兰芳，势必是要做小妾的。所以孟小冬心存顾虑，尽管她很爱梅兰芳，可是如果真的做小妾的话，自己在梅家就没有任何地位可言，也没有任何尊严可言。但是媒人给了孟小冬这样的信息，说王明华病重，恐怕不久于人世，而且王明华长住天津，梅家实则只剩下一房，即福芝芳。也就是说，小冬嫁过去，她是可以和福芝芳平起平坐的，即两房都是夫人，没有大小之分。既然是媒人之言，必定是梅兰芳也承诺过，于是孟小冬嫁得义无反顾。

她的最初的婚房是别家的宅院，但是有人走漏了风声，他们的秘密生活不能再继续。梅兰芳为孟小冬择了新的居所，但不变的是，孟小冬的生活仍旧是隐秘的。因此，无论是旧宅还是新居，孟小冬怎么都摆脱不了金屋藏娇的感觉。

在别人的宅院里，人多热闹，她尚可以闲谈串门。可是在新住所，这狭小的院落里只有两三个熟人陪伴，她也从来不便出门，不能让世人知道她的境况。庭院深深深几许，当年在戏台上呼风唤雨，风光无限，今日却只能尘封起来，独自凄凉。

本来情到浓处，为了这“情”字可以忍受这委屈。世间男人对女子的想象也往往如此，以为她们可以为了自己而毫无怨言地接受一切要求，更何况孟小冬那时还相信着他的承诺。然而真要践行承诺，远比想象中的艰难。此时的梅兰芳不能不担忧世人的闲言碎语，他想求的是两全。既要娶了自己喜欢的女子，又要维系着平日里在公众面前的良好形象，他却浑然不知孟小冬实则是个烈性的女子，这种隐匿势必会成为爱情悲剧的伏笔。

新婚燕尔的日子没能持续多久，梅兰芳就又开始了忙碌的工作。他忙着唱戏，忙着交际，忙着接待友人，甚至忙着回家。因为梅兰芳还有另外一个家，有夫人和孩子。

然而一场意外而来的血案给这场婚姻罩上了磨灭不掉的阴影。一个仰慕孟小冬的戏迷持枪闯入孟小冬和梅兰芳的住宅，误杀了张汉举。血案顿时传得沸沸扬扬，虽然血案本身和孟小冬没有关系，可是却给梅兰芳造成了巨大的精神压力，外界的舆论太过热烈，以至伤害到了他一直精心维护的温和谦逊、善良大度的好形象。因此，血案之后，梅兰芳很少再回到他和孟小冬的爱巢了。

女子可以在热恋的时候委屈自己，却也能敏锐地感觉到伊人时过境迁中情意渐淡的变化。他既早不再将这份情放在最重要的位置，自己又何必再为保护他的形象而独自忍受委屈。更何况孟小冬从前在戏台是演生角的人，大约性情里原就有男子的气概。在孟小冬的心中，也许早已是万分不甘心了。

当她读到《北洋画报》上的消息“梅兰芳此次来津出演中，仍寓利顺德饭店。但挈其妾福芝芳同行，则系初次”后，便收拾行李独自出了家门，且未曾告知梅兰芳。她不但也要去梅福二人所到的天津，还要重新登台演出。她唱《捉放宿店》，唱《失空斩》，像成婚前一样，引起全城轰动。戏台下，她还要穿着男装，不施脂粉，便像是再世为人一般。而这在梅兰芳骤然听来，真真是惊人之举了。此后小冬虽又重回了她的小院落，然而梅孟二人间已是嫌隙渐生，再也无法回到过去了。有的唯是愈演愈烈，流水落花无从收回，撕裂他们温情的最后一击竟是一场丧事。

梅兰芳的伯母去世了，得到消息的梅兰芳马不停蹄地赶回家，一切都在悲戚中进行着。当时，梨园艺人纷纷前来吊唁，孟小冬作为梅家的媳妇理应出现，可当外人都进灵堂烧香磕头之际，唯有头戴白花的孟小冬被挡在了梅家的大门外。心高气傲的孟小冬怎能受此委屈，于是她要求面见梅兰芳，希望梅兰芳可以为自己据理力争，但令她想不到的是，梅兰芳竟然选择息事宁人，只是让她先回去。

失望的孟小冬彻底心灰意冷了，这不单单是让自己在众人面前痛失颜面，更重要的是她开始反省自己在这场婚姻中的位置。她突然发现，这个自己深爱的男人，在乎的是那些虚无缥缈的名誉，而自己不过是一位过客，连一般人都不如。她彻底地怀疑自己在他心中的位置，是妻还是妾，或者什么也不是。

绝望的她怎么能接受自己深爱的男人竟然漠视自己的存在，回想从认识到结婚以来的种种，自己的委曲求全只换来一个悲伤的尾声。但是她是孟小冬，决绝坚强的孟小冬，悲伤欲绝已不能去形容她的心情，她含着委屈、悲伤、难过、绝望与无助连着三天在天津《大公报》头版登载了紧要启事：

“……经人介绍，与梅兰芳结婚。冬当时年岁幼稚，世故不熟，一切皆听介绍人主持。名定兼祧，尽人皆知。乃兰芳含糊其事，于祧母去世之日，不能实践前言，致名分顿失保障。虽经友人劝导，本人辩论，兰芳概置不理，足见毫无情义可言。冬自叹身世苦恼，复遭打击，遂毅然与兰芳脱离家庭关系。是我负人？抑人负我？世间自有公论，不待冬之赘言。”

“人负我”还是“我负人”的悲戚责问，无限委屈，不胜哀怨，何从道来？经此打击，痛不欲生的孟小冬大病一场，孤独不已，万念俱灰，一度皈依佛门。

本该是才子佳人，亦该是神仙眷侣，理当是佳话千年，谁知素心花对素心人，相遇成恨，落花流水，逝去都成空，结局想必只有一个——转身便成陌路。

3

孟小冬曾是梨园冬皇，从小到大，她的生命中几乎只有学戏唱戏这一件事。嫁作他人妇后，她为了这段婚姻心甘情愿地放弃了唱戏。在新婚燕尔之时，这于她本不算是一件特别值得可惜的事情，因为她以为，自己余下的生命已经找到了归宿。

可是当她所以为的归宿终不过是流水落花匆匆而去，孟小冬遂又回到了她的梨园生活中来。也许在年少时候，她以为唱戏于她不过是一种谋生的方式，但当生命中出现了大片的空白，飘零无所着落时，戏曲便理所当然地将她的心填满。曾经的爱人依旧风生水起地活跃着，而她自己，亦需在这片曾经打拼的土地上重新站立起来。因为，她从来都是一个坚强的女人。

孟小冬的正式复出是在1933年，而她唱的正是《四郎探母》这出戏。这本是梅孟二人首次合作的作品，但她并未因此而避讳此出。各处戏院闻得孟小冬复出，更是欢欣鼓舞，争相邀请。戏迷久未见到孟小冬，此番自然是极感过瘾的。然而在阔别舞台几年之后，忽然重新回到这里，她却有些力不从心了。

这大体上是因为她状况极差的身体，往往是撑了一场戏，便要休息上好些天方能够恢复过来。直至此时，她忽然真正感到了离了戏曲的痛苦。孟小冬自称彼时她才真的有了戏瘾，她以此为生命全新的支撑。若眼见着这支撑有了倾覆的可能，生命之中的希望亦似乎是黯淡了。

然而孟小冬彼时是无论如何也要在这条路上坚持下去的了。她要重新开始拜师学戏，锻炼自己，方才有继续走下去的可能。孟小冬最终拜入余叔岩门下，然而自她最初向余叔岩表达拜师之愿，至最终正式公开成为余氏弟子，这中间的几年时间，拜师过程竟是极其曲折的。

孟小冬与梅兰芳分手四年之间，先是蛰居天津，静心佛门，走出感情低谷后辗转到北京，想要重新拜师学艺，准备东山再起。当她第一次宴请余叔岩时就表达了自己的拜师想法，然而，余叔岩与梅兰芳关系密切，亦曾与其同在一个戏社唱戏多年，到后来二人才分道扬镳，余氏自立门派。对于孟小冬，余叔岩何尝不是欣赏备至，但是想到孟小冬和梅兰芳的复杂关系，他担心自己的惜才会招来非议，对他们中的任何一人都不好。于是正在养病的余叔岩思虑再三后便以自己身体不好为由，婉拒了孟小冬的拜师之意，然而孟小冬并未因此而放弃拜师的想法。一年之后的一次筵席，二人同时参加，遂又重提起拜师之事。只因当场众人相劝，余叔岩终于拗不过，正式收孟小冬为徒。然而余叔岩虽收了这个女弟子，却不愿将他们的师徒关系公开。孟小冬的拜师之礼极简，且自此以后的很长一段时间，孟小冬都未像余氏其他弟子一样至余宅受教。余叔岩每次至杨悟山宅第对孟小冬进行指点，正是为了掩人耳目。孟小冬在此种境况中坚持了下来。直到三年之后，孟小冬方才因了偶然的机缘，而重新补办了一场隆重的拜师礼，二人师徒关系得以公开。

余叔岩为了避免收女徒弟的是非议论，便决定孟小冬学戏时，由自己的两个女儿慧文、慧清伴学。孟小冬比慧文、慧清大几岁，俨然以知心大姐姐的身份出现。开始学戏后，她每次来余府都要为两个妹妹买女子都钟爱的礼品，变着花样地分享生活的小快乐，这样三个人姐妹般的亲密自然为孟小冬以后的学习带来不少益处。于是，姐妹单独相处时，妹妹们会告诉她学戏时要特别注意的规矩，尤其是余叔岩不喜欢的小细节，这些孟小冬都铭记在心。

孟小冬本就是极聪慧的人，在余氏门下的几年内，她严遵余叔岩的诸多规矩，虚心求教，深得余氏赏识。余叔岩在生命的最后几年中，忍着病痛，将他一生所学尽传于孟小冬。而在这几年之中，孟小冬以专心求学为主，极少登台。孟小冬扮相好、嗓子好、戏路正，本是大好的演出赚钱的机会，但她求真知，辛苦学得余氏曲艺精髓，方才真正领悟到了自己唱戏生涯的灵魂。这个时期，根据师傅的规定，她基本停止了演出。只是某出戏学完，如果师傅认为可以的情况下，她才在师傅把场下，偶尔登台实践一下而已。

随着余叔岩年事愈高，病况愈甚，他对孟小冬也是倾囊以授。这几年间，孟小冬更是不畏寒暑，愈加谦虚学习。余叔岩习惯深夜作业，要到凌晨才开始说戏。孟小冬能有以后的惊世成绩，只因为那么多的日夜兼程并乐此不疲，终于得到了余叔岩的真传，成为继承余派衣钵的唯一女弟子。

1943 年余叔岩因病去世，孟小冬远在香港，悲戚中赠挽联道："清方承世业，上苑知名，自从艺术寖衰，耳食孰能传曲韵；弱质感飘零，程门执贽，独惜薪传未了，心丧无以报师恩。"道尽师徒情谊。

彼时国内战事不断，人人自顾不暇，梨园演出亦是萧条不堪，即使偶有堂会，亦未见从前盛况。直至 1947 年，杜月笙 60 大寿，欲像往常一样举办堂会以此庆寿。以杜氏权势，彼时方才聚了各个名角儿，有了些兴盛的样子。孟小冬此番自是要到场的，然而这一次却是她在戏曲舞台上的绝唱。

她出演的曲目最终定为《搜孤救孤》，这本来是余叔岩的经典曲目，孟小冬拼却了全力，让台下观众都以为是余叔岩再世，叹为观止。便是余氏门下之人，亦都赞她是将这戏唱绝了。这出压轴大戏连续演两场，场场爆满。据很多人回忆，那两天，台下爆满，舞台两侧也全是来观摩的南北名角，塞得水泄不通。即使高达原票价十倍的黄牛票也是一票难求，于是戏迷们争相去买无线电，以慰不能亲临现场之遗憾。

冬皇一出场，扮相台风飘逸潇洒，霎时间，掌声雷动。只见，缓缓移步，开口启声，台下顿时鸦雀无声，嗓音圆润嘹亮，韵味隽永，余音绕梁，久久不绝于耳。

戏毕，全场爆彩，观众情绪亢奋不已，久久不肯散场，纷纷要求见见便装的孟小冬，而孟小冬却坚持不肯，众人劝说良久，她依旧固执己见。最后，抱病前来助兴的杜月笙出来劝说，盛情之下，孟小冬方着戏装谢幕。可热情的观众仍旧不愿离去，孟小冬只好便装出场再次谢幕。

这是余派空前绝后的一次。冬皇的惊鸿一瞥，使得众人心驰神往。天地间似乎都静默了，唯有这重重的一声弹拨。孟小冬聚了她一生戏曲的全部心血向恩师致敬，而后留了戏中一件戏服作纪念，便消隐于戏台了。“冬皇”热风如巨浪压顶，铺天盖地席卷而来，然而这股热浪并没有继续滚动下去，而是倏忽就消失不见了，无影无踪，无迹可寻。

4

而那个名叫孟小冬的女子，从登报申明分手起，就扬起了高傲的头，告诉世人，更告诉自己：孟小冬，再也不和梅兰芳见面了。她更是撂下一句惊世之言：“今后我要唱戏，不会比你差，还是头牌，要嫁人，我要么不嫁，要嫁就嫁一个一跺脚就满城乱颤的。”孟小冬说这话的时候，自然不会知道一场《搜孤救孤》成为旷世奇谈，更不知道自己果真嫁给了一跺脚上海滩就乱颤的杜月笙。

刚烈女子的爱情结局是有宿命的。当年，在最美好的年华遇到了那样美好的一个人，怎能不爱？怎能不痴？怎能不深情以往？可决绝并非情逝，而是强忍泪水，不再回头也不能回头，因为真爱总是无法回头。

决然离开梅兰芳的孟小冬，一直避讳和梅兰芳见面，爱得真切，恨才如此彻骨。杜月笙 60 大寿的那次登台，她与梅兰芳擦肩而过后，便再也没有了如此靠近彼此的距离。1947 年，杜月笙遍请南北名角为自己祝寿，梅兰芳自然也在此列，人们都抱着一颗好奇的心，巴望着梅孟同台，可孟小冬让他们失望了。十场演出中，梅兰芳前八天出场，而孟小冬后两场压轴，有了广陵绝响，也有了高傲姿态。她入场，唱了自己的戏，走了，从头至尾都没有见梅兰芳一面。

一个自己曾经深爱过的人就在身边，从来没有如此靠近过，可想而知心情是怎样翻云覆雨。可她坚持就这样，知而不见，哪怕心如水晶碎裂般疼痛，然而独自伤心流泪之后，终究要坚持自己的决定：既然离去，就是此生此世都不再见面。彼时的坚定，一如照片中她的神情，清秀中带着自矜，眼神倔强，脸上正色浓郁，毫无媚态，让人倾慕且心疼。

曾经琴瑟和鸣，曾经知音难觅，可如今离了，散了，知音何求？命运已经给了答案，只是红颜枯骨，多年辗转流离才得名分，知音难求，终是上天不负孟小冬，枭雄不济世，却拯救了“冬皇”的幕后人生。

“孟大小姐，阿拉杜月笙这厢有礼了！”杜月笙双手抱拳，念着韵白，深深一躬，年轻的孟小冬就受此礼遇。这是孟小冬初次见杜月笙。她做梦也想不到就是这位年长她 19 岁的上海枭雄，从此总是在她最需要的时候出现在自己身边，在她的辉煌与坎坷中，这个男人永远都是背后的支撑。

杜月笙虽是上海滩的黑社会老大，但是发迹后的他一改以往习气，喜欢结交社会各种人物，从政要到文人墨客，无所不交。如此深刻的文化氛围熏陶，更让他拥有了不俗的气质，当他端端正正穿着长衫布鞋，文质彬彬地出现在众人面前时，很多人都大吃一惊。

与孟小冬结缘，最重要的原因是杜月笙酷爱京剧。他懂戏，尊重艺人，而且会像欣赏艺术一样去听戏。在伶界，谁不知杜月笙喜欢捧角？谁不知道杜月笙对伶人都是慷慨大方？

其实，杜月笙一直都关注着孟小冬在京剧上的发展。早在1924年的时候，杜月笙就觉得孟小冬的戏路太杂，不利于她的长远发展，就曾对孟小冬提议道：“侬不妨到北京去试一试，看看有没有机会拜谭派名师，像言菊朋、余叔岩这些人，都已经自成新谭派，遐其吃香，他们的唱腔交关好听，侬的嗓音天赋远胜于他们的。”孟小冬也深以为然。

随后，孟小冬一路北上到了北京。那时的北京，京剧繁荣，名角云集，竞争异常激烈，能留下来的寥寥无几。而孟小冬在这里不仅站稳了脚跟，还备受戏迷喜爱，声名远播，终得“冬皇”之美誉。接下来，与梅兰芳爱一场，伤一场，离去的孟小冬投身到了好朋友姚玉兰的怀抱，以求得安慰，而姚玉兰正是杜月笙的四姨太。

此刻，刚刚经历情感挫折的孟小冬住进了姚玉兰与杜月笙的家。在此，她慢慢舔舐感情伤口，杜月笙再一次成全了她的温暖。可是这样的温暖只持续了两个月，孟小冬就孑身一人返回北京，北京的时局动荡不安，演戏再次成了遥不可及的事情。此时，30岁的孟小冬孤身一人，没有了家庭，而爱，在乱世中岂不是一场莫名的奢侈？

远在香港的杜月笙无法忘却孟小冬，也为她身在动荡的北京深感不安，于是他通过留在上海的账房先生黄国栋给孟小冬写了一封信，让她也去香港。孟小冬做梦也没想到孤寂中还有人牵挂自己，炎凉人世的冰冷让这封信显得格外温暖。不管她爱不爱杜月笙，这份遥远的关心如此真切地晃动了她的心，于是她立即收拾行李，动身去香港，再次回到杜月笙和姚玉兰的身边。但是不久后，她又独自返回了北京。这一次，她把生活的重心转向了拜师学艺，直至余叔岩病逝。

1947 年，孟小冬应杜月笙邀请前来演出，与梅兰芳擦肩而过后，安定在了杜月笙身边。尽管此时孟小冬芳华落尽，但风韵犹存。北京已经没有任何贪恋，而姚玉兰与杜月笙盛情挽留。对杜月笙孟小冬自然心存感激，再加上杜月笙是上海滩“老大”这样的身份，待在他身边，无疑更具安全感。

孟小冬与杜月笙生活到了一起，果真应了那句“要嫁就嫁一个一跺脚满城乱颤的”。杜月笙对孟小冬一直都魂牵梦萦，此番能把孟小冬留在身边，自然是呵护有加，钟爱无比，日子过得浓情蜜意也照旧羡煞旁人。

令孟小冬意外的是，这杜月笙也是个懂戏之人，虽不如梅兰芳能与之琴瑟和鸣，但能遇到懂自己的人，何尝不是一件幸运的事情。

5

如果有情人能终成眷属，如果知己之音可以长和不止，那世间便不再有遗憾，可偏偏正是这遗憾成就了每一个传奇，孟小冬就算其中之一。

与杜月笙的快乐时光并不长，因为晚年的杜月笙几乎是在病床上度过的，孟小冬的尽心伺候与柔情万种换来的就是杜月笙的痛苦呻吟。孟小冬陪伴杜月笙到香港后，虽然神色自若，甚至强颜欢笑，但生活在一个狡诈紊乱的环境中，面对风烛残年的久病之人，对孟小冬这样卓尔不凡的女子来说，确实是一种残酷的折磨。在香港的杜公馆，孟小冬孤傲的个性再次让自己陷入了孤立之地。她不随波逐流，更不会谄媚应酬，对内对外，她都是孤寂郁郁地对待，唯一能做的就是看护生命脆弱的丈夫。

尽管这样的生活不容易，但是孟小冬一点也不后悔，因为可以守着懂自己的人。杜月笙一向是能体会得出孟小冬的心境的，也了解她的苦闷，因此对孟小冬的“敬爱之情”演变成了一种深刻的怜惜，他很小心地收藏了这种怜惜。因为他深知孟小冬这样的女子，在任何艰难困苦面前都不会皱一下眉头，更不会心有委屈，但是假如有谁向她表示怜悯，反而会羞辱到她，甚至会让她绝尘而去。愧于孟小冬付出太多，而自己能回报的太少，在病床上的杜月笙就时时处处寻找补偿孟小冬的机会。在日常生活中，杜月笙对孟小冬总是那样爱慕不止：忍耐着自己的痛苦，跟她温柔地说话，聚精会神地倾听，平时的称呼跟自己的儿女一样，暖心地叫孟小冬“妈咪”。平时也是“妈咪”想买什么，想吃什么之类的，只要孟小冬想要的，他总是一声令下，立刻照办。于是，在外人眼里，有时候几乎是重病的杜月笙在全力以赴地照顾孟小冬。

孟小冬自从入了杜公馆，对于太多的事情能不看的就不看，能不闻的就不闻，能漠然的也不会关心。从来没有任何牢骚和怨言的孟小冬似乎无足轻重，但事情恰恰相反，因为一句话，轻轻的一句话，孟小冬让“上海滩皇帝”给了自己永恒的承诺，而这个承诺太沉重，震惊了天下人。

1950年，杜月笙有意举家移居法国。他掐指计算家里要迁走的人数，一共需要多少张护照，当他算好了一共要27张时，孟小冬当着众人面淡淡地说了一句：“我跟着去，算丫头呢还是算女朋友呀？”

此言一出，满屋寂静。这是一个相当重大的问题，总算被孟小冬提出来的时候，杜月笙猛然惊悟，自己竟然欠了她一个承诺，于是他当众宣布：履行诺言，马上与孟小冬成婚。杜月笙话音一落，杜府顿时炸开了锅，因为杜月笙与孟小冬已成夫妻，已经无可厚非，但是如今杜月笙病卧床榻，需要氧气才能过活，而且正值动荡时期，他们也是避难香港，乱世之中，何必多此一举？成婚与否对任何人都没有益处，反而会横生枝节，徒增无穷的纠纷。反对者不止一人，于是每个人都来劝阻杜月笙，每个人都对孟小冬施加了不小的压力。但杜月笙对任何人的异议都置之不理，他决意在离去之前完成这一心愿，为孟小冬，也为他自己。

时年 62 岁的新郎杜月笙穿着长衫，在人们的搀扶之下与身着旗袍的 43 岁新娘孟小冬依偎结婚。至此，孟小冬传奇一生中苦苦纠结的关键词——名分，终于有了着落。一年后，杜月笙去世，生命中两个重要的男人都以永诀的方式远离了她的生活。

晚年的孟小冬在香港度过，仍旧是一个人，其实她也可以风华绝代，可以时尚摩登，毕竟她是当年的“冬皇”，然而她没有。在沧桑苦难与风光无限都经历后，人世的种种浮华俱已远去，能做的就是做一个快乐倔强的当下人。

在香港她有一帮固定的朋友，喜欢京剧，他们常常在一起咿咿呀呀，对于一个京剧艺术家来说那时的她还不算老，可她就是忍痛割爱离开了舞台。因为杜月笙去世前曾对亲戚朋友都有过交代，要好好照顾孟小冬，千万不要让她再唱戏了。也许孟小冬就是一个守旧的女人，因为杜月笙的一句话就真不唱戏了，或者是因为唱戏是一件诗意的事情，必须有人懂，才能唱得起兴，才能唱出真情。可是如今知音已去，没了戏台上的对手也没了听戏的知音，这戏也许就真的没有了再唱下去的意义。于是，虽有人请她回去唱戏、灌唱片和拍电影，她都没有答应。当然在香港也决不到任何舞台去唱，也不收专业的学生，只有要好的票友到家里来，她才略指点一二。

“只是一切都过去了”，这是孟小冬晚年常说的一句话。只是，多么无奈的感喟，人和事都这样从生命中抽离而去，而情却越来越浓烈，沉淀人心，回忆成了最后的尘埃。

十里洋场一枝花

——唐瑛

1

唐瑛出生在风雨飘摇的1910年。总说乱世出英雄，相对来说，乱世红颜的传说也夹杂着些许动荡的美丽，仿佛她们的出生便是为了这一个世纪的传奇。

唐瑛的父亲是中国第一个留洋的西医，因经常为大家族看病，收入颇丰，家底殷实。都说“女儿要富养”，只有从小衣食无忧，没为生计发过愁的女子才能从骨子里散发出一种从容不迫的气质。或许“大家闺秀”和“小家碧玉”的区别从来就不是流于样貌上的肤浅差异，而是根源于内里所散发的气场。唐瑛便是在这相对富足而自由的优越环境中，一步一步走向了她成长的未来。

唐瑛其人，若借用古人之语便可谓之“生而娉婷娟好，肌肤玉雪，既含睇兮又宜笑，殆《闲情赋》所云‘独旷世而秀群’者也”，窈窕如春月之柳，清丽如出水芙蓉。甜美动人的声音，苗条匀称的身材，既有着东方女子的温柔婉约，又含着西方女人的妩媚风情，举手投足，一颦一笑间便吸引着众人的眼球，从眼睛记忆到心中，难以忘怀。

当然，这些都只是外在条件，古往今来，容貌出众的女子自是不少，但唐瑛能在这飘摇乱世中占有那样一席地位，与她的人格魅力是分不开的。再美丽的花瓶也终究有看腻的一天，而一本装饰精美、内容丰富的书，却能让人百看不厌。

从小，唐瑛便一直生活在父母的严格教育之下。大概是因为唐父的留学经历，他对女儿的成长格外注重，不似一般家庭对女儿的忽视，只教些针织女红，而是更偏向才艺气质方面的培养。唐瑛从小就有专门的老师来教导舞蹈、英文和戏曲，这些出众的才艺无疑为她后来的交际生涯增添了一笔砝码。多才多艺的人总是更能够在短时间内展示自己最好的一面，给他人留下深刻的印象。

除了自身的修养外，唐瑛在吃穿用度上也有着不俗的品味。比如穿名牌衣服和 Ferragamo 皮鞋，涂抹 Chanel No.5 香水以及使用 LV 手袋。虽说物质并不能代表一切，但它恰恰能代表一个人的身份以及品位。毕竟唐瑛交际的场合是名门聚集的上流社会，除了不俗的谈吐外，时尚而适合的穿着也是必不可少的一环。当然，唐瑛每一餐所吃的食物也有特别的讲究，既注重营养均衡搭配，还重视用餐时间精确准时。在吃饭的时候，则有着更多的规矩，例如餐具之间不能发出碰撞的声响，吃饭的过程中不能说话，即便碗里的汤很烫，也不能用嘴去吹，咀嚼食物的时候不能发出声音，等等。

我们不难想象这样一个画面，一个穿着打扮精致动人的女子，举止优雅地坐在院子里。她的面前，有着一张被干净的白色桌布覆盖的圆桌，阳光洒满绿草如茵的院子，空气里是被阳光晒出的青草的味道。在这样一个悠闲的午后，女子静静地享受着属于她的下午茶。这幅安静而美好的图画是任何一个画师都梦寐以求的杰作。

而这，也是唐瑛最真实的生活画面。

这种生活的确是舒适而惬意的，难怪现今社会，如此多的女人热衷于将自己标榜为名门淑媛，仿佛拥有一两件奢侈品便真的能带来多少优越感一般。虽说名牌能让外行们迷乱了双眼，羡慕嫉妒，以为这就是上流名媛，殊不知，真正的名媛气质是来自自身的修养而非外界的物质包装。若非由内而外自然流露的气质内涵，即便穿着世界顶级裁缝亲手所做的衣服，也有种“穿上龙袍不像太子”的啼笑皆非之感。当然，这种内在涵养与从小生活的环境和受到的教育培养是分不开的。

1926 年，16 岁的唐瑛正式进入上海交际圈，在这个十里洋场的浮世欢娱之所找到了自己的位置。很快，这位多才多艺的名门淑媛便在社交界崭露头角，独领风骚，甚至被杂志捧为“交际名媛”的榜样。

除了天生资质聪敏以外，后天的努力也不可小觑。当唐瑛穿着旗袍高跟鞋，身姿摇曳地出现在百乐门舞厅时，人们看到的是她台上人前动人的风姿，却不知道那些妖娆的转身背后，是日日训练所付出的努力。所以说，古往今来美人常有，可艳冠京华者却不常有。或许，只有对自己足够狠的女人，才能握紧手里的江山土地，不失分毫。

唐瑛便是凭借其美貌与才华在上海这个灯红酒绿、醉生梦死的花花世界中，亮丽绽放，艳冠群芳，成为当时社交界中风头最盛的交际女王，一时风头无二，光芒无人能及，其他名媛也难以望其项背。

这样的女子总是为人艳羡，或许有人曾在背后诋毁嘲讽她，可那尖酸刻薄的语句背后却是难以掩饰的羡慕甚至嫉妒。这大概就是属于女子的风流吧，在那乏味而无聊的生活中，唯有这样一些不落窠臼、轰动一时的惊艳之事才让人于乱世中尚能残喘。和着这声色犬马、醉生梦死于动乱变迁之中，津津乐道那些欢场之中难以忘记的风流佳韵，借着这朦胧微醉的霓虹再舞一曲。

2

“云想衣裳花想容，春风拂槛露华浓。若非群玉山头见，会向瑶台月下逢。”皎洁月光洒落大地，长夜里牡丹睡意正浓，云彩舒卷追逐着星辰皓月，而如此良辰美景之下，是戏台上摇曳的身姿，流转的眼波。彼时，她们皆是那遗世独立的绝色佳人，被世人并称为南唐北陆，一个是倾国倾城貌，一个是多愁多病身。

1927年，陆小曼与唐瑛在中央大戏院举行的上海妇女界慰劳剧艺大会上联袂登台出演昆曲《牡丹亭》选段。

人生如戏，戏如人生。在这一段金玉相逢、两花并蒂的故事中，陆小曼扮作小生，白衣高冠，轻摇折扇，丰神俊朗，英气十足。唐瑛则是佳人，身着精致繁复的戏装行头，慢走台步，凝眸微笑，颠倒众生。光与影的变幻中，二人恍若入戏，执手相视，不相上下的风姿气韵直叫台下看客眼睛离不开这两位绝色美人，无暇他顾。

虽说女人总希望自己是天底下最美丽的，但若真的姿容绝世，才情无人可比，却也是无趣的。怪不得那些正史戏说中总爱将女子并提，“四大美人”、“秦淮八艳”诸如此类历来不少，而此时的“南唐北陆”自然又是另一段佳话了。

戏台上的杜丽娘不再是哀伤满腹，愁容难散，一心只想生死追随恋人的苦情之人，而是在唐瑛的气度风范影响下，成为光彩照人的戏剧人物。古典戏文的沉重与无奈在唐陆二人的演绎下，变成了社交界中信手拈来、风流旖旎的韵事佳话。

古有李白、杜甫因诗文才气比肩而立，被并称为“李杜”，今有唐瑛、陆小曼美貌才华不相上下，便有“南唐北陆”之美名。都说英雄惜英雄，美人又何尝不是呢？二人第一次在上海见面时，便各自为对方的气质修养所折服，进而惺惺相惜成为好姐妹。

古时佳人，总是要与才子匹配才能光鲜于历史舞台，或低吟浅唱，或轻盈而舞，偏偏躲不开那段才子佳人的缠绵过往，好似陪衬一般仰着精致动人的面庞。她们美丽多情，却又柔顺卑微，她们才华出众,却隐藏在男人的宴会中落寞微笑。《桃花扇》里哀哀唱道“惟愿取年年此夜，人月双清”，彩袖飞舞之中的碧波眼眸，魅惑勾人的转身却掩不住半世浮华凉薄。

幸而，以唐瑛为首的旧上海的名媛们早已逃离过往的阴霾，从男人的背后走到台前。细眉红唇，轻摇小扇，她们的一颦一笑，高跟旗袍，皆是为自己而美。那高挑的眉梢，浅扬的嘴角，皆为自己惊世绝艳的美貌与才情而傲然独立，睥睨须眉。

1935 年秋，唐瑛出乎众人意料地将《王宝钏》搬上了卡尔登大剧院，并且整场演出都是全英文的流利对白，而无唱段。不得不说这一举动是开天辟地、石破天惊的第一次。众人折服的不单单是唐瑛惊人的美貌和出色的英语，更多的则是这名女子出人意料而又效果惊人的作为。这场演出在当时的影响可谓波及全国。

戏文里，想那王宝钏苦守寒窑十八载，日夜盼望良人归来。可真等薛平贵风光而来时，看着他身旁的公主，几多思念、几多苦涩都咽回肚里。

或许，唐瑛选择《王宝钏》作为自己的演绎曲目，并非如过去一样只为歌颂王宝钏之忠贞刚烈。当传统的古典人物遇着西方戏剧的文明精髓，当混乱的台步与流利的英语产生火花碰撞，这种情景是任何曼妙的词语都无法描述的。当王宝钏的口中吐出英文对白时，仿佛这个女子枯槁苍白的容颜刹那间鲜活明亮起来，死水般的眼眸又有了新的生命。她如见着百花绽放的杜丽娘一般，终于透过那桥下碧波凝视自己的美丽容颜，知那良辰美景奈何天，知那红颜易老留不住。她用大洋彼岸的陌生语言倾诉自己的种种痛苦，质问苍天为何女子总是受到不公平对待的那一方，质问丈夫为何不能坚守当年的承诺。

当灯光暗去，帷幕落下，王宝钏被这个旧上海的交际女王赋予了新的人格，在流水落花的匆匆一瞥中成为老上海人心目中永不磨灭的惊艳记忆。

曾经有人这样评价过女人：她们温柔、体贴、甘于奉献，并且没有什么事业心，她们更愿意活在男人的羽翼下，不受风雨。可相对的，当你获得男人的这份庇佑时，也失去了他们的征服感与尊敬。

当唐瑛活出自己的精彩后，她身边的男人便无法轻视她身上的光芒与能力，这种姿态或许会吓跑一批懦弱无能的男人，却会让真正的好男人再也无法移开眼球，甘愿低下原本骄傲的脑袋。

总有一种女人，她的故事里，男人从来就不是主角。

3

那个时候，她正处于花样年华，青春的气息在她的眉梢眼角留下瑰丽的剪影；一双彩袖，一袭罗绮，摇曳舞动的身姿便在众人面前曼妙而过。那灯光留醉般的风流韶华，与那柳梢低垂的明月，和着大上海的夜夜笙歌，华灯霓虹，一起望尽这红颜一梦。而这梦，就绽放在她轻抚的桃花扇上，美好的姿态直让人叹着那惊鸿照影的匆匆一瞥，便辗转反侧再难忘怀。而爱情，便是这样不期而遇，却又不得如愿。

从小唐瑛便爱看戏，听着那唇齿留香的绝妙好词，瞧着那精致的行头、流转的眼波，台上的才子佳人便在众位看客或喝彩或黯然的感情中上演着一幕幕悲欢离合。彼时，她尚未成为上海的交际女王；彼时，她的梦中尚且怀揣着少女的甘甜；彼时，她还会幼稚地沉浸于他人的故事中，流着自己的眼泪。

当成长将她一步一步推出温室，当这朵美丽的花骨朵正努力绽放，誓要超越群芳时，她遇到了那个浮生之中纠缠了一世的人。

冥冥之中，似乎总会有这样一个人，出现在年少时的梦里。他或许不够英俊，不够成熟，甚至多年以后再回想依旧找不到值得那般疯狂喜爱的理由，但却能轻易打开那时的心扉，撩动年轻的心弦。

唐宋两家乃是世交，唐瑛的二哥唐腴庐曾与宋子文一起在美国留学，回国后还成了宋子文的秘书。二人关系融洽，来往密切，唐腴庐也经常以朋友的身份邀请宋子文来家里做客。

那一年，唐瑛尚且待字闺中。她经常听二哥提起这个大自己 16 岁的男人，因此格外好奇，总想着找机会见上一面。

就好似，那一个长安的夜晚，周围是嘈杂混乱的人群，我惊慌地在人群中寻找失散的同伴。而你，却缓缓走来，站在我的面前，任我揭开你面上附着的昆仑奴面具，你的唇角绽开一抹笑容。而我，却连哭泣也忘记了。

这种相逢纵使隔着 16 年的时光差距，纵使有着“君生我未生，我生君已老”的遗憾，可那于千千万人中一回眸的缘分，却使唐瑛情不自禁沦陷其中，不忍忘怀，相思成灾。那种相识的熟悉感，也许是那天阳光正好，而你微笑着对我说，你好。又或者是你看我的眼神如此温柔，仿佛是爱。

这便是唐瑛与宋子文的初遇，不是那个与盛家七小姐爱恨情仇的宋子文，而是在唐瑛的戏台上偶然登场的宋子文。

也许大叔都是喜爱小萝莉的，小萝莉的单纯就如一张干净的白纸，未经世事污浊渲染。对历尽沧桑的宋子文而言，这就如山涧清泉般泠泠动听，沁人心脾。正值人生最美好年华的唐瑛就这样闯入宋子文的视线，从此总有一抹炙热的目光围绕着唐瑛。

从那一天开始，一封封火热的情书便成了唐瑛梳妆台上的常客。在字里行间的倾诉之中，在体贴温柔的追求之下，唐瑛的心也渐渐被这个富有、英俊、成熟、权盛一时的男人攻陷。但名门淑媛的矜持和父亲的反对使她只能远远站在窗帘之后，望着那个男人到来的方向，日日等待。

现在想来，那一场岁月，他与她终究只是擦肩而过，风流一晌，浅斟低唱，他犹是他，她亦是她，看来与过往没什么不同，却是人事已非。

那个早晨，她的梳妆台上出现了他的第二十封情书。她迫不及待地拆开，却看到他即将离去的消息，唐瑛紧攥着那几张写满不舍与思念的信纸默默靠在窗前，望着他们坐上车离开，渐行渐远。那时候的唐瑛万万没想到，那一道背影，竟是自己最后一次看见哥哥。

1931 年，唐腴庐和宋子文一大早便到达上海火车站，准备乘坐火车离开。不知是巧合还是什么原因，唐宋二人穿着打扮极为相似。

两人坐车到达火车站后，先下车的唐腴庐立刻受到烟幕弹的攻击，在一片烟雾之中无法辨别方向。而后下车的宋子文则警觉地躲了起来，果然，没过多久，连续不断的枪声响起，待烟雾散去，唐腴庐身中数枪，倒在了地上不省人事。宋子文马上将情况危急的唐腴庐送到附近的一家德国医院。遗憾的是，当姗姗来迟的德国医生准备好手术时，唐腴庐已经咽下了最后一口气。

原本就极其反感儿子接触政治的唐父从此对宋子文深恶痛绝。尽管当时上海滩流传着唐腴庐是为了帮宋子文挡子弹而死的，可事实上，还是有一些知情人明白，唐腴庐是穿戴打扮酷似宋子文而被误杀的。

我达达的马蹄是美丽的错误，我不是归人，是个过客。

兄长的死亡无疑成为唐瑛与宋子文之间永远无法消除的阴影。那一道无法修复的巨大鸿沟阻断了曾经的情愫。

侥幸存活的宋子文，因为对唐家人心怀愧疚，也自觉无颜面再见唐瑛。他知道自己的出现只会不断提醒唐家人自己儿子的死亡悲剧，为了还唐家安全平静的生活，宋子文便打消了追求唐瑛的念头，再没有去打扰她的人生。

电影《胭脂扣》的主题曲便是这样唱的："誓言幻作烟云字，费尽千般心思。……负情是你的名字，错付千般相思，情像水向东逝去。痴心枉倾注，愿那天未曾遇。"

或许，单方面的决定总是男人自以为是的特权。喜欢的时候便不顾对方的感受硬生生闯入，一旦没了交往的念头，便潇洒转身，毫不犹豫地撤离，甚至不会留下只言片语。而女人，则为了他借口般的解释纠缠半生，难以释怀。

宋子文留给唐瑛的二十封情书被她锁在了小抽屉里，细心珍藏。

就像给自己的心也上了一把锁，谁也无法打开。为的是宋子文这个出现在她年轻生命中的男人，也或许只是为了她还没来得及绽放的初恋。

没有多久，唐瑛便闪电般嫁给了宁波“小港李家”——沪上豪商李云书的儿子李祖法。这其中的故事如今已不可考，是出于父母之命还是一见钟情，我们都无法妄自猜测。只是若如鱼玄机一般，被负后便失意怨恨自我放逐，便何其不幸。尽管这个女子曾经写下“易求无价宝，难得有情郎”的佳句，却没有珍惜的缘分。

而唐瑛，似乎也没有逃过这一劫。

豪门生活一开始大多都是惬意的，她依旧在社交场上当她的交际女王，享受众星捧月般的尊贵，风光无限。当时间走远，当矛盾出现，你我依旧是当初的模样，却已感情不再。

爱的时候，总觉得没有什么不能包容，一切都可以忍耐。可不爱的时候，一切都是挑衅与无法忍受。李祖法其人虽出生于豪门贵族，可生性安静沉稳，不喜交际，也不喜欢自己的妻子总是在外抛头露面，如花蝴蝶一般留恋于舞厅戏院。两人性格上的不和，终于引发了更大的矛盾，视交际如生命的唐瑛无法理解丈夫的反对，再三权衡之后，唐瑛决定与李祖法离婚。1937 年，两人结束了将近七年的婚姻。

性格不合永远是分开最好的借口，却不是理由。如若不和便早不和了，又何必等到七年之后的今日。如此看来，即便是名门淑媛、绝代佳人，亦逃不开七年之痒的魔咒，倒不如一对能平凡相守到老的小夫妻。

离婚后的唐瑛仿佛涸辙之鲋忽然回到了大海中，如鱼得水般的快乐使她忘记了婚姻失败所带来的伤痛，她并没有因失意而黯然，反而更加光鲜亮丽，怡然自得。

我们以为自己将会对那些人念念不忘，却一个转身便抛在脑后，当我们以为忘得一干二净时，却又在某个黄昏或者午后，忽然想起，悄然落泪。

女人，终究是感性大过理智的。再凉薄之人，心中终有一处温暖而柔软的地方。

当然，这次失败的婚姻并不是唐瑛情感的终结，彼时她只有 27 岁，尚且年轻而美丽。不久之后，她遇到了时任美国美亚保险公司的中国总代理、熊希龄的侄子熊七公子。这个既不英俊潇洒，也不强壮威武的男人成为走进唐瑛生命中的第三个男人。

如今的唐瑛已经不是那个十六七岁天真烂漫、充满幻想的女孩，不是只有外表英俊得如童话里的男子才能打动她。经过了岁月的历练和人世的沧桑，她明白很多事情都已经是过眼云烟不值一提，只有合适的彼此才能相依相伴一直走下去。而性格活泼热情，同样喜欢娱乐社交的熊七公子无疑是最好的人选。两人很快步入婚姻的殿堂。

婚后幸福的生活为唐瑛一波三折的感情经历画上了句号。李碧华说，幸运的女人一生只跟一个男人白头到老，而不幸的女人总要遇到很多男人，但总归会有好的结局。你要相信，有一个人会伴着春天，出现在你身边。

1948 年，唐瑛随熊七公子远赴香港，后来移民到美国。唐瑛是个聪明而睿智的女人，她清楚地明白自己要的是什么，能够得到什么。在最大范围内得到了其他人无法企及的幸福，也许不是自己曾经期盼的爱情，却也是圆满的。我们爱的往往是一些人，而与之生活的又是另外一些人。

曾经，我们都以为灯火阑珊的彼岸，你便是我今生的答案，可这世间安得两全法，不负如来不负卿。事实上，大抵是无法两全其美的，而一个女子要经过多少红尘颠沛，方明白这个道理呢？

4

《离骚》有云：“惟草木之零落兮，恐美人之迟暮。”此谓时光易逝，盛年难再。美人迟暮从来为人所避谈，如莎士比亚的悲剧，令美好的事物枯萎甚至衰亡，再回想其曾经的美丽容颜，不得不感慨唏嘘，潸然泪下。“自古美人如名将，不许人间见白头。”曾经征战沙场的骁勇之士如今英雄气短、老态龙钟，且不说再上战场大战三百回合，连与君醉笑三千场也是不能了。何况，美人冰肌玉骨沦为黄肤皱纹，明眸善睐混沌如鱼眼，十指纤纤已如枯枝满是老茧，难怪喜爱在脂粉中打转的宝玉也嫌弃那些迟暮的女子。

古往今来，为了留住容颜，多少人不择手段寻找驻颜之方。相传嫦娥便是为了永葆青春而偷食灵药，从此碧海青天夜夜心。“最是人间留不住，朱颜辞镜花辞树。”这两句诗简简单单，却不知道尽女子多少心酸，多少眼泪。

而唐瑛，她的美丽却不取决于时间。

在最好的年华里，她尽情挥霍了自己的美丽，而年老时，岁月的磨砺使她高雅的气质浑然天成，依旧美丽。

唐瑛之妹唐薇红在接受采访时曾说道：“国外有什么大亨名流来了，我姐姐一定出场。有一次是英国王室来了，她去表演钢琴和昆曲，报纸上把她的照片登了很大，我妈妈和她开玩笑，说她风头盖过了王室。”将钢琴和昆曲完美地融合在同一场表演中，不得不说这是一种惊世才华。想必在场的看客也是迷醉双眼，叹为观止。

唐瑛还主演了洪深编导的话剧《少奶奶的扇子》。她穿着曳地的长裙在“百乐门”翩翩起舞。无疑，唐瑛是“百乐门”这个大舞台上最明艳的头牌交际花。可以说，“百乐门”为她提供了展示美的平台，而她则为“百乐门”抹上了最绮丽的色彩。

如今以旧上海生活为题材的小说或影视作品可谓不胜枚举，而“交际花”又是其中不可或缺的主角之一。但我们观念中所熟知的那些常年周旋于有钱男人之间，出卖美色以换取供养，过着优渥生活的女人，其实并不能称之为“交际花”。“交际花”在当时其实是舶来的褒义词，为那些出身豪门的名媛所特有。只有集美貌与才艺于一身，举止优雅有礼才会被世人承认。

《春申旧闻》中关于当年上海的“交际名媛”有这样一段描写：“上海名媛以交际著称者，自唐瑛、陆小曼始。继之者为周叔苹、陈皓明。”而这些“交际花”中唐瑛无疑是风头最盛的。据传，唐瑛专门用十个描金箱子来装衣服，而皮衣则挂满了一整面墙大的大衣橱。唐家甚至有个专门为她一人做衣服的裁缝。当唐瑛穿着新做的衣服出现在交际场中，全上海的裁缝就都忙活了起来，众人争相模仿唐瑛的穿着打扮，只因为那就叫时髦。

唐瑛的身边从来不乏爱慕她的男子，而孙中山的秘书杨杏佛便是拜倒在她石榴裙下之人。无奈，襄王有意，神女无心。与李祖法已有婚约的唐瑛拒绝了杨杏佛的追求。

无论多美丽的女子，都逃不过时间的打磨。大概那些窃取男人爱情的“交际花”都是这样认为的，只有美丽光鲜的外表才能赢得男人的爱慕，而美人迟暮便只能日日夜夜对镜哀愁。

怪不得古来宫怨诗歌中，总是哀哀低诉着“红颜未老恩先断”的忧愁，容颜尚未枯萎便失去了君王的宠爱，若真等到红颜凋零之时，又不知是如何凄惨的境地。如此想来，确实令人伤感。

青春走远，岁月飞逝，对女人而言，可还有比这更糟糕的吗？那些藏匿于古籍中的保养秘方、驻颜之术，多得难以想象，仿佛一个女子失去了光滑的皮肤，鲜活的身体便毫无价值了一般。

法国作家杜拉斯在《情人》里曾写下这样一句话：“比起你年轻时的美貌，我更爱你饱经风霜的容颜。”这种深沉的爱意源自灵魂深处的爱恋。豆蔻年华的女子固然娇艳如花，却少了女人的三分风流，三分妩媚。只有经历了时光洗礼的女人，才会有如母亲一般的勇气与智慧、成熟与优雅。

叶芝亦有诗歌一首《当年华已逝》，是写给他挚爱一生、魂牵梦萦的女子的。

当年华已逝，你两鬓斑白，沉沉欲睡，
坐在炉边慢慢打盹，请取下我的这本诗集，
请缓缓读起，如梦一般，你会重温
你那脉脉眼波，她们是曾经那么的深情和柔美。

多少人曾爱过你容光焕发的楚楚魅力，
爱你的倾城容颜，或是真心，或是做戏，
但只有一个人！他爱的是你圣洁虔诚的心！
当你洗尽铅华，伤逝红颜的老去，他也依然深爱着你！

炉里的火焰温暖明亮，你轻轻低下头去，
带着淡淡的凄然，为了枯萎熄灭的爱情，喃喃低语，
此时他正在千山万壑之间独自游荡，
在那满天凝视你的繁星后面隐起了脸庞。

或许男人的爱慕总会因为第一眼的吸引而显得毫无道理，但再难看的蛹若不耐下心观察也等不到美丽的蝴蝶。美丽，需要时间，需要历练，会经历挣扎，会遭受痛苦，这才是美丽的内在意义。

上世纪 70 年代的时候，唐瑛回到了她阔别多年的上海。当她身着一袭绿旗袍，姿态恬静而优雅地从清晨的薄雾中远远走来时，一个六旬老妇竟让人误以为是葱茏少女。她的脸上留下了岁月的痕迹，可岁月却无法将美人迟暮的哀愁之伤雕琢在她眼中。

回忆终究只能活在过去，感伤不过徒增泪水，这一切于唐瑛无用。年老的时候，若是追忆往昔，这一生不为庸庸碌碌、毫无作为而后悔惋惜，这一生没有错过不该错过的人，便没有了遗憾。

她知道，大上海继她之后，再无“交际女王”。她写下了传奇，却在最美丽的巅峰抽身离去，留那转瞬的身姿供众人怀念，而这种怀念在时光的打磨下只会越来越美，熠熠生辉。于女人而言，美丽是一种武器，却不是生存的唯一工具。这是唐瑛最出色之处，即使迟暮，依旧美丽自信。

情有多深，命有多劫

——陆小曼

1

年少的梦中，是绿树成荫的小径，阳光从树叶间洒落满地，斑驳的剪影与拂面的微风合奏出一曲光与影之歌。她款款走来，眼神清澈，嘴角含笑，只需轻轻回眸，便是这世间最动人的一瞥。正如刚满 15 岁的陆小曼进入北京圣心学堂时一般，15 岁的年华，摆脱了童年懵懂，走过了迷茫与叛逆，对这个世界既渴求又充满批判。这种感知或许是很多年后，沧桑写满曾经美丽的面庞，尘埃落满华美的旗袍，一个人对着窗外和煦的阳光，指尖夹着一根细长的香烟时，才能回忆清楚的。而那时，能否有一个人，愿用双手捧起那已经苍老的脸，诉说“我更爱你饱经风霜的容颜”。

多年以前，晃动的镜头下一个少女抱着书本走过。她有着柔顺的长发，明亮的眼眸，此时的她如清晨的玫瑰，和着晶莹的露珠正含苞待放。外表的美丽或许是一种资本，但古往今来，红颜祸水从来就不是善意的赞美，当一个女子无法承受这份上天不公平的赐予时，这便成了一种悲哀甚至灾难。所幸，乱世之中的陆小曼有着令人歆羡的家世，这使得天性聪慧的她成为轰动上海、北京的一段不朽传奇。

当然，这些都是后话。

年仅15岁的陆小曼将上海姑娘的柔美可爱与北京姑娘的端庄秀丽完美地展现出来。她美丽，却不依仗这份天资挥霍青春，懵懂度日；她聪慧，仍勤奋好学，精通英法两国语言。除此之外，她还会弹钢琴，擅长油画，能写得一手娟秀的小楷。

当陆小曼18岁的时候，能唱歌会演戏，热情活泼又丝毫不矫揉造作的她成了校园里最璀璨的"皇后"。不是天真俏丽、让人呵护的"公主"，而是供人仰望、追随，有着强大气场的"皇后"。美丽与智慧并存已属不易，而这种殊荣却非所有才貌双全的女子就可拥有的。

聪明的女子总是懂得如何展现自己，这除了机缘更需要一点运气，或许连上天也是眷顾陆小曼的。

那一年，圣心学堂接到北洋政府外交总长顾维钧的要求，推荐一名精通英语和法语，并且年轻貌美的姑娘去外交部参与接待外国使节的工作。这也正好应了那一句话，机会总是留给有准备的人。毫无疑问，陆小曼成为众人心中的不二人选。在父母的支持下，陆小曼便经常出入外交部接待外宾，还参加外交部举办的舞会，担任中外人员的口语翻译。三年的外交翻译生涯，让陆小曼的名气从校园蔓延到整个北京社交界。待人热情大方而又不失礼数的陆小曼很难让人不产生好感，更何况这是一个有着优美体态、明媚笑容、柔和声音的名门女子。

据传，陆小曼每次去剧院看戏，或是到公园游玩时，被她吸引而跟随的大学生多达数十人，不论是中国的还是外国的，都甘心为她拎包带路。我们可以想象这样一个画面，一个娇俏明丽的女大学生走在中间，周围是一群意气风发的男生，他们有的高谈阔论以展示自身博学，有的嬉笑着说一些不着边际的奇闻逸事以博佳人一笑，又有的只是默默跟着，只要见着陆小曼便傻笑个不停。而我们的皇后，则是高傲地走着。那时候的陆小曼在对未来的丈夫的幻想中，或许还有着一点少女天真的期待。正如她最爱看的那些戏曲，台上才子佳人缠绵悱恻，英雄美人荡气回肠。

其实，没有一个女子不是这样期待的。

只可惜，再美丽的爱情终究是要谢幕的，曲终人散之后，还有谁能和着佳人一曲，唱到天荒地老？《牡丹亭》中柳梦梅感叹道："则为你如花美眷，似水流年。"少年人的故事还未谢幕，那看客便悠悠起身，转身而去的衣摆抖落了一身阳光。小戏子咿咿呀呀地唱着"且顾当下"，便把这今朝换成了匆匆韶光。

校园皇后的时代在陆小曼 19 岁的时候画上了句号。这是一段时光的结束，也是另一段故事的开端。过去再美好，依旧要往前走。《花样年华》中有这样一句话："一个时代结束了，属于那个时代的一切也都不复存在。"到底是什么消失了，谁也说不清楚。

2

那时候已经是 1922 年，距离"父母之命、媒妁之言"的时代名义上已经过去了许久。那个时代的青年都在高喊着自由恋爱，思想解放加之外来文化的熏陶，使得饱读诗书的陆小曼对恋爱、婚姻有着朦胧美好的憧憬。遗憾的是，她并没有等来心目中的如意郎君。

19 岁的陆小曼因心脏病突发不得不挥别她那最为纯真璀璨的校

园生活，退学回家后，母亲做主为她定下了一门亲事。即便现在，完全纯粹的婚姻自由也不多见，婚姻或多或少都沾染了俗世观念的尘烟，又如何能全凭心意做主。更何况名门大家、淑女名媛的背后，门当户对的观念更是根深蒂固的枷锁束缚。难以揣测当陆小曼知道自己未来的丈夫是一个素未谋面的陌生人时，内心会有何感受。即便那个男人出身官宦家庭；即便他曾考取清华大学留美预备班，并前往美国留学，先后在普林斯顿大学哲学系、西点军事学校的军事专业学习；即便他在回国后进入外交部工作，在巴黎和会召开的时候成为中国代表团的随行上校武官，并且在巴黎和会后，因多次为外交部翻译重要外交文件而名声大噪。这一切被母亲看重的政治优势和未来前途都不是陆小曼爱他的理由。

这个名叫王赓的年轻人就这样闯入陆小曼年轻时的生活，在父母之命下，两人闪电订婚，并在一个月内举行了婚礼。

或许在结婚前的无数个夜里，当众人酣睡之时，她却在床上辗转反侧，夜不能寐。她的脑海里全是白天听来的关于王赓的点点滴滴。他有着怎样的眉眼，怎样的下巴，是温润如玉的谦谦君子，还是儒雅俊秀的一介书生。他是什么样的性格，是幽默风趣，还是成熟稳重，抑或温柔体贴。

或许她也曾经挣扎过，将自己反锁在房间里，摔掉从小到大自己最喜欢的小物件，扯掉桌上精致干净的桌布，她是否曾通过这些举动发泄自己无法主宰婚姻的不满？她可曾抱着母亲的腰肢痛哭哀求？对一个陌生丈夫的恐惧又可曾让这个昔日的校园皇后紧张害怕？

这一切，都不得而知。

我们只知道，陆小曼并不幸福，这桩不自由的被动婚姻并未实现她曾经的美丽幻想。婚礼结束，最初的不安羞涩与蜜月的激情一起走远。没有情感基础的婚姻本就只剩下平静，甚至平淡、乏味。与丈夫性情爱好的不合，让这段婚姻生活几乎可以用无趣来形容。

接受过西方文明洗礼的陆小曼不可能像古时女子那般嫁鸡随鸡，嫁狗随狗，以夫为天，绝无二话。她是受过教育的新女性，她是曾受众人追捧称赞的名媛，她的生活曾经天天都是光鲜亮丽的，这种毫无情感波澜的生活让陆小曼心生厌倦。

结婚仅半年，夫妻二人便貌合神离，失和已经是两人心照不宣的事实。但一直高高在上的陆小曼是绝对不会让别人知道自己的婚姻如此失败的，于是当她出现在众人面前时，依旧强颜欢笑，用精湛的演技为众人展示一个让人羡慕的王太太。可这浮华的背后却是她的眼泪和失意。

1924 年王赓被任命为哈尔滨警察厅厅长，在丈夫的要求下，陆小曼陪同前往哈尔滨。据说，陆小曼居住在哈尔滨的时候，大街小巷贴满了她的海报，可知那时候陆小曼的声名之盛。不久，陆小曼以水土不服为由，离开哈尔滨回到了北京娘家，分居两地使原本就不亲密的夫妻关系更加冷淡。

只怕这时的陆小曼心中是有怨的吧，怨恨父母为自己决定的婚姻，怨恨他们断送了自己的幸福。这看似郎才女貌、花好月圆的美满婚姻背后，千疮百孔的痛楚却无人可以倾诉，即便是自己的父母，也无法诉说一二。

回到娘家之后的生活总归不如外人想象中那般舒服。就像张爱玲的《倾城之恋》中关于白流苏的描写那般，我们不难猜出，陆父会斥责她的骄纵与不懂事，并且要求她赶紧回到哈尔滨。陆母会不断询问她为什么回来，是不是和丈夫闹矛盾了，并且教育她以夫为天，要她专心陪伴在丈夫身边。父母的无法理解，仆人的异样眼光，社交圈里的流言蜚语，这一切都让陆小曼苦闷不堪，难以解脱。她或许曾问过自己，是否就甘心这样一辈子，与一个毫无感情的丈夫度过余下的生命。不，她才 21 岁，人生还有很长的路要走。高傲的她怎么可能轻易向命运低头！

而命运，从来就爱开玩笑。

那时候的徐志摩已经和张幼仪在柏林离婚，这个同样牺牲在“父母之命”下的贤惠女人离开徐志摩的那一年，陆小曼却嫁作他人妇。当徐志摩沉浸在失去林徽因的痛苦中时，陆小曼却意外闯入，两个失意的人相遇正应了那句话：“金风玉露一相逢，便胜却人间无数。”

或许二人都有过这种“还君明珠双泪垂，恨不相逢未嫁时”的遗憾，但对于爱情的追求使他们不顾世人的眼光。在诗人眼中，又有什么比爱情更值得人抛开一切去追寻呢？他已经失去了林徽因，便再也无法放手陆小曼，至此，这段属于他们的惊世爱情在万众瞩目中拉开了序幕。

有时候，爱情来得让人如此措手不及，却又像狂风暴雨般无法拒绝。张曼玉在《花样年华》里穿着精致的旗袍缓缓开口说，我想知道一切是怎么发生的。其实，所有事情不过就是这样发生的。

3

如果徐志摩未曾出现，又或者他们不曾相识，也许陆小曼便在北京社交界的各种舞会中，过着每日重复的醉生梦死般的生活。直到岁月磨平了她曾经的所有美好期待，直到时光在她脸上留下不可磨灭的深刻痕迹，她也许才能甘于相夫教子平淡一生。

可年轻的时候，美丽动人又才华出众，名满北京的陆小曼怎能甘于平凡。她的人生永远不是依附男人便可，她需要性情相投的人与她产生心灵上的共鸣。而徐志摩的出现，恰恰是这一见钟情的最好契机。彼时，陆小曼心中满是婚姻失败、情感无处宣泄的压抑，而徐志摩则饱受林徽因离去、求而不得的折磨。当美丽多情的佳人遇到才华横溢的诗人，这份沉寂已久的情感一下子火热燃烧起来。两颗同样饱含感情却又无处倾诉的心迅速靠拢，陆小曼被他笔下迷人的诗篇吸引，而徐志摩亦将满腔的柔情快速而炙热地倾注到她的身上。

正如郁达夫这样说道："忠厚柔艳如小曼，热烈诚挚若志摩，遇合在一起，自然要发放火花，烧成一片了。哪里还顾得到纲常伦教，更哪里还顾得到宗法家风？"

的确，两人的相恋当时遭到了众多的非议，甚至抨击。可徐志摩却全然不在意他人的目光，甚至为陆小曼写下了著名的诗歌——《雪花的快乐》。

那时我凭借我的身轻，
盈盈的，沾住了她的衣襟，
贴近她柔波似的心胸——
消溶，消溶，消溶——
溶入了她柔波似的心胸！

我们看到的，是一个雪花般漂泊于天地间的诗人，他在这冥冥之中寻找着能让他停留的一瞬，而陆小曼便是那天地间于他眼中最美丽的花朵。他飞扬、盘旋着来到她的身边，只为心中那份动荡的情感拥有一份生命的依托。

短暂的美好时光匆匆逝去，得知此事的王赓从哈尔滨赶来，平生第一次对妻子发火。他面色苍白地拿枪指着陆小曼，这个性情敦厚内向的男人满腔的怒火在一刹那爆发。但他最终忍下了开枪的冲动，毕竟眼前的女子是他结发的妻子，也是他情感的寄托。或许这个男人是爱陆小曼的，不然他也不会为了妻子的幸福而同意离婚。

此时处于“尴尬难堪”僵局中的徐志摩决定应泰戈尔的邀请去佛罗伦萨与之相会。在动身去欧洲前的几天，徐志摩一连写了三封信给陆小曼，除了情人间的不舍与倾诉，更多则是鼓励陆小曼在“四周全是铜墙铁壁”的环境中坚持下去。

只是，孤身一人的陆小曼又如何能以一弱女子之身心承受外界的流言蜚语呢？面对日复一日的不断争吵，她只觉得身心疲惫。每每当她难以支撑的时候，她就将内心的痛苦写成信件，就好像面对的不是苍白的纸张，而是心爱的人，对着他倾诉自己所有的烦恼与苦闷，以此寻求承受压力的精神支柱。而这些信后来便集结成了著名的《小曼日记》。

她在信中这样写道：“本来我心里的痛苦同愁闷，一向逼在心里，有时候真逼得难受，说又没有地方去说。以后好了，我真感谢你，借你的力量，我可以一泄我的怨恨，松一松我的胸襟了。”

正当陆小曼在每日哭闹中渐渐心累，甚至想要放弃这段感情时，徐志摩回到了北京，并且向陆小曼的老师刘海粟寻求帮助。这位在中国画坛素以“叛逆”著称的男子同样有着逃避封建婚姻的经历，不忍心看二人如此痛苦，便下定决心帮他们一把。

在刘海粟的劝说下，陆小曼的母亲也说出了心里话。原来陆母对徐志摩的印象并不坏，只是畏惧人言，又觉得对不起王赓，这才再三反对陆小曼离婚的要求。刘海粟动之以情，晓之以理，举出了许多封建包办婚姻所酿成的悲剧，最终说服了陆母，陆母同意和小曼一起去上海，找王赓商谈离婚的事。

就在陆家母女离开的第二天，徐志摩就追到了上海。第三天，刘海粟邀请徐志摩、王赓、陆小曼母女，以及张歆海、唐瑛、唐瑛的哥哥唐腴庐和杨铨、李祖法等人到上海有名的素菜馆“功德林”吃饭。这次饭局所为何事，各人心中都很明白。王赓知道有些事情该来的还是要来，这些日子以来的争吵不但让陆小曼身心疲惫，也磨去了他的所有尖刺。他面容平和地站在那里，与人打招呼时也是礼貌而温和的，甚至不忘和徐志摩握手。

聪慧的陆小曼自然知道此次宴会的用意，心中虽然隐隐藏着期待，但面上表现得却是自然大方，她既不将目光锁定在徐志摩身上，也没有冷淡与自己不和已久的丈夫。她优雅地与众人问候，谈天说笑，仿佛并没有什么特别的事情发生。在她的脸上看不到多日的失意与痛苦留下的痕迹，她用自己的仪态与谈吐向众人展示了一个多情而美丽的女子。

饭局开始后，刘海粟只是招呼大家吃菜，绝口不提今日的意图。倒是张歆海沉不住气冲刘海粟喊道:“海粟,你这个‘艺术叛徒’到底请我们来干吗？你那葫芦里卖的是什么药啊？”正愁不知如何开口的刘海粟赶紧接了话题，他端起酒杯对众人道：“今天我做东,把大家请来,是纪念我的一件私事。当年我拒绝封建包办婚姻,从家里逃了出来，后来终于得到了幸福婚姻。来，先请大家干了这一杯。”

王赓不动声色地与众人举杯共饮后，又听刘海粟继续说道：“……我们正处于一个社会变革的时期，新旧思想和观念正处于转换阶段，封建余孽正在逐渐地被驱除，但是封建思想在某些人的脑子里还存在，还冲不出来。我们都是年轻人，谁不追求幸福？谁不渴望幸福？谁愿意被封建观念束住手脚呢？”

刘海粟见王赓神色如常，便又继续诉说自己的婚姻观，他认为夫妻双方的婚姻应该建立在人格平等、感情融洽、相互理解的基础上。妻子不是丈夫的点缀品，而应该是丈夫的知音，三从四德的时代已经过去了！

众人被刘海粟的激昂演说感染，举起酒杯纷纷说道：“祝愿天下夫妻都拥有幸福美满的婚姻！干杯！”

王赓一直坐在自己的位置上，并未发言。与大家干了一杯后，才对刘海粟说道：“海粟，你讲的话很有道理，我很受启发。来，我敬你一杯。”二人喝完后，王赓再次举杯对众人说道：“愿我们都为自己创造幸福，并且为别人的幸福干杯。”

听着自己丈夫如此言论，看着面前徐志摩毫不掩饰的开心笑容，陆小曼再次陷入一种内心的挣扎之中。她渴望自由的爱情，可对王赓的内疚却像阳光下的阴影般如影随形，难以摆脱。这种矛盾使她慌乱，她不知道自己抛开一切得来的爱情是否值得，不过那时的她一厢情愿地相信，她与徐志摩的结合就名为幸福。

这次代表着一段孽缘情债的饭局结束后，王陆二人仿佛又陷入了巨大的沉寂。在丈夫毫无动静的日子中，陆小曼甚至怀疑前段时间的努力是不是都白费了。而在外苦苦等待消息的徐志摩也渐渐明白，希望正在未知的远处渺茫地停滞不前。正当徐陆二人深感绝望的时候，王赓终于有了反应，他对陆小曼说道：“既然你跟我一起生活感到没有乐趣，既然我不能给你所希冀的那种生活，那么，我们只有分开。宴会后的这两个月里，我一直在考虑，我感觉到我还是爱你的，同时我也再给你一段时间考虑，你觉得你和志摩是否真的相配？”

陆小曼用沉默代替了回答，两行清泪从眼角慢慢淌下。王赓面对自己曾经深爱的女人，除了祝福别无他话。会尽快办好手续的承诺是他最后能给陆小曼的一丝温情。

这世上的情爱大抵如此，就像那旋转木马一般，看似近在咫尺，其实终生追求而不得。那个漫漫长夜，伴随陆小曼的只有难以抑制的哭泣，不知是为这期待已久而又突如其来的幸福，还是内心深沉枯萎的悲伤。

只是，翻过了这一页，明天终将到来。1925 年，陆小曼和王赓正式离婚。几年的时光，说长不长，却也不短。也许若干年后的午夜梦回之际，陆小曼心底也曾对这几年有过一丝的眷恋。起码蒙着时光倩影的薄纱再看待前尘往事，种种梦境般的低沉叹惋，再冰冷的情感也氤氲着一缕不易察觉的温暖。

而彼时的陆小曼年仅 23 岁。

4

童话故事的结尾总喜欢说“王子和公主从此过上了幸福的生活”，仿佛这样轻飘飘的一句话便能概括余生之中的磕磕碰碰、柴米油盐。那些古代话本中，才子佳人历经磨难之后总会有个大团圆的结局，或金榜高中洞房花烛，抑或神仙眷侣归隐山林，总归没有人间烟火的描述。试想，小龙女再美也经不起油烟熏染，当她换去那身出尘的白衣，可还是众人心中不染俗世尘埃的神仙姐姐？这大概就是小说总是戛然而止的原因吧，当制造冲突的磨难结束，作者便匆匆搁下纸笔。

或许心中都隐隐明白，再写下去，便该是平淡生活中可能出现的细小裂缝了。爱应该经得起平淡的流年，这话我们都明白，却无人知晓如何实践。

陆小曼恢复单身后，故事并没有立马圆满。她与徐志摩的婚姻遭到了双方父母的强烈反对。除了陆母提出的几个苛刻要求外，徐父甚至对徐陆二人说，除非徐志摩的前妻张幼仪同意，否则自己坚决反对两人的婚事。幸而，张幼仪是个聪慧大度的女子，对待与自己毫无感情的前夫再婚的事实，她能够从容一笑，表示祝福。对他人的怨恨或许能支撑着走过一段荒芜的岁月，但唯有一笑泯去恩仇的释然才是天地宽阔的豁达。当张幼仪放开对过往种种冷遇的纠缠时，好似是原谅了徐志摩对她造成的种种伤害，实际上，她是彻底打开了自我的枷锁。

且说徐志摩过了前妻这一关后，徐父依旧没有痛快答应。在胡适、刘海粟等人出面劝说下，徐父在提出几个条件的情况下才勉强答应。其中一条就是要胡适做介绍人，梁启超为证婚人。在婚礼上，梁启超对自己的学生说了这样一段话："志摩，你这个人性情浮躁，所以在学问方面没有成就。你这个人用情不专，以致离婚再娶……你们两人都是过来人，离过婚又重新结婚，都是用情不专。以后痛自悔悟，重新做人！愿你们这次是最后一次结婚！"

这段证婚词实际上是梁启超对陆小曼说的，尽管他无力阻止这一切发生，但心中的隐隐忧虑让他不得不暗中警告陆小曼，不要让徐志摩痛苦或受到任何伤害。

1926 年 11 月，徐志摩携陆小曼回到老家海宁硖石过起了普通夫妻的生活。在此期间，徐志摩曾给张慰慈写过一封信，他在信中是这样说的：

“小曼简直是重做新娘，比在北京做的花样多得多，单说磕头就不下百次，新房里那闹更不用提。……每天九点前后起身，整天就管吃，晚上八点就往床上钻，曼直嚷冷，做老爷的有什么法子，除了乖乖地偎着她，直偎到她身上一团火，老爷身上倒结了冰，你说这是乐呀还是苦？”

由上面的一段话我们不难看出，这段日子可以说是徐陆二人最为神仙眷侣般的时光，只是，这世间事并非总是如此顺心，他们并非真的神仙眷侣，终究是要面对俗世琐碎，人间烟火。没多久，徐家二老便因为看不惯陆小曼的做派，起身去了北京找自己新认的干女儿，即徐志摩的前妻——张幼仪。公婆如此明显的排斥让陆小曼受到了很大的打击，精神上的压抑使她得了肺病，花了很长时间才慢慢养好身体。而正是这一年，北伐战争进行得如火如荼，面对不断临近的战火，二人只得移居上海，暂时避难。

不论外界是如何战火纷飞、烽烟四起，上海依旧是那个歌舞升平、觥筹交错的城市。浮华生活让陆小曼渐渐沉迷，不论是豪华的舞厅剧场还是纸醉金迷的社交界，这一切对压抑已久的陆小曼来说不啻是一个新天地。她凭借着名门出身和高雅的谈吐，很快就在社交界混得风生水起。她结交各界名人，长袖善舞，如鱼得水，这一切都让她觉得快乐。可不断交际的背后却是庞大的开支，这一切都不是没了家里经济支援的徐志摩能够承担的。为了满足陆小曼花钱的挥霍，徐志摩只能身兼光华大学、东吴大学、大夏大学三所学校的讲课职务，空闲时间也是赶写诗文以赚取微薄的稿费。

而陆小曼依旧沉浸在欢场之中，面对男男女女刻意的恭维，享受跳舞、打牌、听戏带来的麻木时光。面对这个曾经美丽而有灵性的女子，徐志摩心中不是不沉痛的，他忍受妻子将大把的时光浪费在贪睡、打扮、交际、娱乐之中，毕竟他曾经如此深爱这个女人。到最后，他甚至忍受自己的妻子与另一个男人隔灯并榻，一起吸食大烟。他以为，一味的迁就、忍耐、讨好就是爱了。

曾经恩爱和谐的神仙眷侣在面对物质的诱惑时竟然越走越远。

1930 年秋，徐志摩开始在南京中央大学教书，并且兼任中华书局编辑、中英文化基金会委员，从此开始了上海、南京两头奔波的生活。后来，徐志摩应胡适的邀请，前往北京大学任教，并且兼任北京女子师范大学的教授。徐志摩大概是想着，如果两人离开上海这个十里洋场，妻子就会变回以前的模样，他们可以重新开始，重新过上曾经的美好生活。遗憾的是，陆小曼执意不肯离开上海。别无他法，徐志摩便开始乘坐飞机两头跑的日子。那个时候，徐志摩乘坐的是免费的飞机，尽管陆小曼不放心，但两人的经济条件却是真的无法承担火车费用。

1931 年，徐母因病过世。当陆小曼急忙赶到海宁硖石时，徐父却不让她进门，她甚至不能参加葬礼，反倒是张幼仪以干女儿的身份帮着张罗打点。陆小曼知道，在徐父心中，自己的地位根本比不上徐志摩已经离婚的妻子，自己在家中可以说一点地位也没有。而徐志摩亦别无他法，只能写信宽慰陆小曼。尽管如此，深感蒙羞受辱的陆小曼内心依旧产生了很大的阴影，这让原本关系就紧张的徐陆二人之间，裂痕更深。

5

有很长一段时间，她都处在恍惚之中，就好像存在记忆里的那些都还是昨天发生的一般。初遇时的惊鸿一瞥，相知时的默契十足，相恋时的互诉衷肠，相爱时的痛苦纠缠，相属时的甜蜜幸福，这一页页的往事，最终都转变成了那个下午，自己随手掷过去的烟枪打碎了他的金丝眼镜。其实，她并不想与他一见面就吵架，在他离开的那些日日夜夜中，她除了思念还是思念。她甚至下定决心要跟他好好说话，就像他们第一次见面时那样，而不是他的负气出走，自己的黯然神伤。

两人的最后一面，竟然苍白得只剩下争吵。如果早知道结果，她不会那般，只是这世上何来后悔药呢？许多人都斥责她，当面也好背地也罢，她又如何不怨恨自己，真真是“嫦娥应悔偷灵药，碧海青天夜夜心”。

1931 年 11 月 19 日中午，陆小曼如往常一般在家中或是看书，或是写信。忽然，悬挂在客厅的一个放有徐志摩相片的镜框掉落在地上。玻璃碎了满地，陆小曼的心中没来由地心慌，她有预感这是不祥之兆，暗自为徐志摩的平安祈祷。可就在第二天早上，航空公司的人来到家中，带来了飞机失事、徐志摩身亡的噩耗。陆小曼甚至来不及问清详情，便昏厥过去，不省人事。

原来 18 日的时候，张学良的飞机临时有事要改期，但是 19 日晚上林徽因在北京协和小礼堂有一场向外宾讲解中国古代建筑的演讲。徐志摩不得不于第二天搭乘一架邮政机飞往北京。因大雾影响，飞机于中午在济南党家庄附近触山爆炸，机上无一人生还。

王映霞曾用这样一段文字来描写陆小曼当时的模样：“小曼穿一身黑色的丧服，头上包了一方黑纱，十分疲劳，万分悲伤地半躺在长沙发上。…… 小曼蓬头散发，大概连脸都没有洗，似乎一下老了好几个年头。”

郁达夫也曾这样说道："悲哀的最大表示，是自然的目瞪口呆，僵若木鸡的那一种样子，这我在小曼夫人当初接到志摩凶耗的时候曾经亲眼见到过。其次是抚棺一哭，这我在万国殡仪馆中，当日来吊的许多志摩的亲友之间曾经看到过。"

诚如汤显祖《牡丹亭》所言："惊觉相思不露，原来只因已入骨，情不知所起，一往而深。"在那些充满争吵与矛盾的日子里，在那些醉生梦死、夜夜笙歌的时光中，在阿芙蓉升起袅袅烟雾，这一切如梦似幻的刹那须臾中，陆小曼也曾怀疑过，她与徐志摩可曾还有爱情。曾经的恋爱激情早已退却，被现实的种种阻碍与轻慢磨去了最初的执着。为什么爱得那么辛苦，依旧得不到曾经期待的幸福？原来，不是不爱，只是因为太过在意，反倒无法如当初那般轻易倾诉。很多午夜梦回之际愁肠百转的心事，反倒只可与外人道了。

当陆小曼接过徐志摩带在身边的唯一遗物时，早以为哭干的泪水再次决堤。装在铁箧中幸免于难的故人之物，竟是自己在 1931 年春所创作的一幅山水画长卷。徐志摩原本是打算带到北京请人加题，无奈人已去，物犹存。"物是人非事事休，未语泪先流。"

此后的数十年里，陆小曼都将这幅长卷小心珍藏，爱如至宝。

徐志摩死后，陆小曼停止了过去自己所热衷的一切交际活动，从此深居简出，很少与人来往。在徐志摩逝世后的一个月，陆小曼写了《哭摩》一文，情深意切，柔肠百转。这篇文章是在怎样的情况下写出的，我们已不得而知了。而这一字一句的背后又有多少泪水与苦涩，只怕唯有当事人才清楚。我们大概也无法从那些浓丽哀婉的文字背后，窥得一星半点。

1932 年，徐志摩的追悼会在海宁硖石召开，因徐父阻止，陆小曼并未能到场参加。唯有一副挽联能代表她的心声："多少前尘成噩梦，五载哀欢，匆匆永诀，天道复奚论，欲死未能因母老；万千别恨向谁言，一身愁病，渺渺离魂，人间应不久，遗文编就答君心。"

1933 年清明，陆小曼只身一人来到硖石，她站在徐志摩坟前，望着远处自己曾与徐志摩居住过的房屋，回想起过往的甜蜜时光，心中已是肝肠寸断，悲戚不绝。

无论多么哀伤痛苦，徐志摩也不会死而复生，过往欢愉的日子也终究一去不复返了。

只是，上穷碧落下黄泉，这世上便再无一人，会看到她微笑而嘴角扬起，看到她皱眉愿以身替之。这一切，陆小曼都明白，只是少了一个完完全全相属于彼此的人，却仿佛天地昏暗，寸草不生，荒芜的是她那颗年轻而千疮百孔的心。

经年之后，梦里浮生，终究无再见之日。

6

"庭有枇杷树，吾妻死之年所手植也，今已亭亭如盖矣。"这是归有光的《项脊轩志》中写到的一句话。年少的时候只是当成必背的课文再三背诵，小和尚念经般读过也就罢了。时光荏苒，多年之后再偶遇此句，方知我们眼中的平常事却是他人心头永久的怀念。

上海中国画院保存着一份陆小曼刚进院时亲手写的"履历"，里面是这样写的：我廿九岁时志摩飞机遇害，我就一直生病。到 1938 年卅五岁时与翁瑞午同居……

很显然，陆小曼在徐志摩去世六年后与翁瑞午同居是不争的事实，这或许也是她被后世之人诟病的原因之一。很多人甚至认为陆小曼在徐志摩去世前便已对他不忠，这其中详情如何已不可知，但若因此就否定她与徐志摩之间的爱情，却着实不公。

我们只道梁祝生死相随、化蝶双飞是爱情，我们认为“问世间情是何物？直教人生死相许”是真情，因此，世人便认定陆小曼与翁瑞午在徐志摩死后同居是薄情寡义、毫无廉耻的表现，而陆小曼也因为这受到了外界强烈的指责和批评。

那么，翁瑞午与陆小曼之间到底是怎样一回事呢？

原来，徐志摩与陆小曼早就结识了翁瑞午，此人成就名声自然不能与徐志摩相比，但翁瑞午为人幽默风趣，性格开朗，与喜欢唱戏、画画的陆小曼志趣相投。翁瑞午估计一开始就对陆小曼存了一份心思在其中，经常来串门，并且投陆小曼所好，送她各种名家之画，或相约游山玩水，出入戏院舞厅。这样一来，翁瑞午这个知情识趣的朋友便在陆小曼心中有了比较特殊的地位。

但翁陆二人关系的进一步发展，还是因为陆小曼的病。

陈定山《春申旧闻》中记载：“陆小曼体弱，连唱两天戏便旧病复发，得了昏厥症。翁瑞午有一手推拿绝技，是丁凤山的嫡传，他为陆小曼推拿，真是手到病除。于是，翁和陆之间常有罗襦半解、妙手抚摩的机会。”

后来，翁瑞午不知出于什么目的，竟然撺掇陆小曼吸食鸦片。长期受病痛折磨的陆小曼一时忍不住诱惑，也慢慢吸食上了鸦片。每当二人在客厅的烟榻上隔灯并枕、吞云吐雾之际，陆小曼便觉得自己离不开翁瑞午了。

徐志摩去世后，沉浸在悲伤之中的陆小曼吸食鸦片更为严重，她沉迷于阿芙蓉带来的飘飘欲仙的感受，那种快乐能让她暂时遗忘徐志摩的死亡所带来的伤痛，这种精神上的麻痹使她陷入一种曾经欢愉的幻想之中，无法自拔。这种情况愈演愈烈，陆小曼甚至为此进过牢房。

暂且不说翁瑞午人品如何，但他对陆小曼却是一往情深，真情一片。只要陆小曼能够开心，他愿意为她做任何事情。而陆小曼也曾经承认过，自己对翁瑞午只有感情，没有爱情，但她始终不曾离开过他，不论是他贫困或者病痛。胡适曾经对陆小曼说过，只要她与翁瑞午断交，自己愿意负担她下半生。在翁瑞午贫困潦倒的时候，陆小曼却委婉拒绝了胡适的好意，并且表示自己和他在一起多年，已经有了一些感情，不能在他失意的时候离开他。

唐人有笔记小说，记述一男子倾慕一女子，竟然得了相思病死了。女子知道此事后，竟灵魂出窍，追随而去。问曰："为何亡命来奔？"女子答："知君深情不易。"纵使不爱，却无论如何不能辜负君一片相思之意，故以身来报。

或许陆小曼对翁瑞午也是如此，在她最痛苦的几年中，这个男人一直无微不至地照顾着自己，不离不弃。如今，他落难了，自己又岂能贪图安逸舒适而弃之不顾呢？陆小曼对待感情，从来就是认真而决绝的，即便世人无法理解，即便流言蜚语不断攻击，她只要做好自己也就够了。这样一个在流言中生活了大半辈子的女人，她的勇气与坚忍当真令人赞叹不已。

虽然恩情并不是爱情，但在这两难的选择下，陆小曼依旧坚守了自己的原则。这位昔日上海最耀眼的名媛从此过上了平淡而清贫的生活。或许，当时她也是用贫困的日子惩罚自己与徐志摩在一起时不懂得珍惜，而一味贪恋物质生活的错误吧。此后的很多年里，她都幽居在家，看书或是作画。

直到1964年，身患哮喘和肺气肿的陆小曼住进了医院。1965年4月3日，一代红颜陨落。据说，她死前并无太多痛苦，只是对来探望她的人表示，希望能在死后和徐志摩合葬。遗憾的是，这个愿望因为种种原因并没能实现。

这位曾经名动一时的一代才女、旷世佳人的人生就这样画上了并不圆满的句号，不得不令人感慨万千。但庆幸的是，她曾经那样执着而热烈地爱过一个人，一直到死亡夺走她的生命，也算了无遗憾了。

就像有句话说的那样，我爱你，永永远远，时间没有什么了不起。

四月天上的纸鸢

——林徽因

1

林徽因的母亲是林长民的续弦，第一任妻子在世时并未留下任何子嗣，而林徽因的母亲也是在结婚8年后才生了林徽因。后来，林长民所纳的小妾不仅生下四儿一女，还非常得林长民疼爱。而林徽因的生母从小娇生惯养，既不知书达理，也不温柔贤惠，使得她们母女只能居住在阴暗的后院。林徽因从小便羡慕前院的宽敞明亮，这种失宠的痛苦使得她过早明白了人情世故。

幸而，她的大姑母为人忠厚和蔼，且明白事理，在林徽因的教育问题上非常严格，使得这个过早懂事的女孩能够将自己聪慧灵气的一面展示在众人面前。

在一篇散文中，林徽因曾透露自己6岁时得过水痘，在她的家乡，则被称为水珠。她在病痛的折磨中竟然还能提到：当时我很喜欢那美丽的名字，忘却它是一种病，因而也觉到一种神秘的骄傲。只要人过我窗口问问出“水珠”么？我就感到一种荣耀。这类感慨，实属难得。通过这件微不足道的小事，我们便可以看到林徽因身上的艺术气质。

林徽因的好友费慰梅曾说过，林徽因的早熟可能使家中的亲戚把她当成一个成人而因此骗走了她的童年。幼时的冷遇并没有扭曲她的性格，没有让她陷入自怨自艾甚至怨恨父母的深渊中，反倒激励她更加努力刻苦，懂事有礼，从而赢得了长辈们的喜爱。

1916 年林长民定居北京，林徽因开始了培华女子中学的读书时光。从此，她正式告别了那不可称之为童年的童年。

当时的培华女中学风开放，融合了中西方文明的精髓，教风严谨，是林徽因早期文化意识的启蒙之地。这一切，都为她后来成长为一代才女奠定了坚实的基础。这时的林徽因已经走出了束缚她整个童年的深宅大院，她的心灵仿佛长出了一对洁白的翅膀，要向更远的地方翱翔。

后来，林长民带女儿登上了去往法国的轮船，在浩瀚无边的大海之中，林徽因极目远眺，她的视野第一次如此开阔，不知不觉间心境又和从前不同了。她明白了过去的自己那么肤浅渺小，只有走出去看看外部的世界，才是自己想念已久的梦。

父女俩转道去了伦敦，其间漫游了欧洲大陆，异国的风情深深震撼了林徽因的心，她为这些惊奇的文明而吸引陶醉。这种异域文化的碰撞使她年轻的心灵受到了一次艺术与文化的洗礼。

在伦敦，林徽因受到了正式而纯正的英语教育，她日渐娴熟的英语为她后来的发展提供了巨大的优势。

这次远行，开启了林徽因人生历程的新篇章，也是从那时候开始，林徽因告别了少女时代。

彼时刚满 16 岁的林徽因，其谈吐气质、思维悟性已是同年龄的女孩所无法比拟的。更何况，林徽因样貌清秀出众，更是吸引了大诗人徐志摩的目光，他甚至不惜公然与张幼仪离婚。由此可见，林徽因的魅力当真是出众的，但这种吸引力与陆小曼、唐瑛等人带有侵略性的美丽又是不同的。林徽因更像一朵空谷幽兰，静静地生长、绽放，其才学灵气早已超过了外在容貌的吸引力。

林徽因的才气与一般名门闺秀相异，大概林长民在培养女儿时，就有意让她朝学者方向发展，而非成为淑媛。这也就使得林徽因在那个佳人辈出的乱世之中，遗世独立，脱颖而出，不被庸脂俗粉湮没。

1924 年，印度诗哲泰戈尔来华访问，并且还进行了讲演。当林徽因搀扶泰戈尔上台时，徐志摩在一旁充当翻译。当时有文章写道："林小姐人艳如花，和老诗人挟臂而行，加上长袍白面、郊寒岛瘦的徐志摩，犹如苍松竹梅的一幅三友图。"这段称赞一时间成为京城美谈。

5 月 8 日，徐志摩、林徽因等为了给泰戈尔庆祝 64 岁的诞辰，特意在东单三条协和小礼堂演出泰翁诗剧《齐德拉》。林徽因扮演公主齐德拉，徐志摩则扮演爱神玛达那。整场演出林徽因均用英语表达，她流利纯正的英语和美丽清秀的扮相使得观众们纷纷鼓掌，赞叹不已。

据梁从诫的《倏忽人间四月天》中的记载，林徽因是在伦敦确立了献身建筑科学的志愿，她从父亲的房东那里领悟到了建筑的魅力。

1924 年 6 月，林徽因和梁启超长子梁思成一起去美国宾州大学攻读建筑学。遗憾的是当时建筑系不收女生，林徽因只得改入该校美术学院，但她并没有放弃对建筑学的学习，选修课仍以建筑系的课程为主。聪明刻苦的林徽因花了两年的时间便获得了美术学士学位，还受聘担任建筑设计教师助理，不久便成为这门课程的辅导教师。

林徽因有黛玉之才，却比黛玉多了几分因缘际遇。她有黛玉之玉骨，却比黛玉多了一点人情世故。两位林氏佳人都有傲人的美丽与才气，在不同的时代中留下美丽的背影，供后人歆羡赞美。

林徽因的才能不仅体现在理工类的建筑学上，其在文学上的造诣也是众所熟知的。

1931 年 4 月，她用“徽音”为笔名，在《诗刊》第二期上发表了第一首诗《谁爱这不息的变幻》。从那之后，她的文学创作便没有停过，《诗刊》、《新月》、《北斗》、天津《大公报》、《文学杂志》等都发表过她的文章。其风格婉转柔美，带着特有的女性意识，为时人所赞赏。

这样一个精通文理的女子，在 20 世纪 30 年代便享有“一代才女”的美誉。

2

那一年，梁思成才 17 岁，还是一个清秀白净、个子瘦小的青年。那一年，林徽因还是林徽音，14 岁的她梳着两条小辫，浅色半袖短衫罩在长仅及膝的黑色绸裙上，虽亭亭玉立却也稚气未脱。她的眼眸如钻石般明亮，嘴角的笑靥是那样俏丽可爱，她翩然离去的倩影在梁思成心中留下了仙女般的印象。

那一年，他们初遇彼此。可谁都不知道，在以后漫长的岁月中，眼前之人就是相依相伴一生、不离不弃的人。

梁思成就读于清华大学时便是活跃的积极分子，喜爱绘画的他曾任《清华年报》的美术编辑，擅长声乐的他也担任过管乐队的队长。同时，他还是一个体育健将，曾获得过校体育运动会的跳高冠军。

他的外语也非常流利，翻译的王尔德的作品《挚友》被刊登在《晨报副镌》上，不仅如此，他与人合译的《世界史纲》还被商务印书馆出版。

在同学眼中，他是“具有冷静而敏捷的政治头脑”的“清华学生小领袖”，是爱国十人团和义勇军中的中坚分子。这样一个聪明的儿子是梁启超的骄傲。

这样一个谦谦君子，与才貌双全的林徽因是再合适不过的一对了。

彼时，他们尚且年少，对未来有着许多憧憬。林徽因对梁思成说：“我以后要学建筑。”梁思成问道：“你是说你要盖房子？”林徽因笑了起来，告诉他：“不是 house，也不是 building，而是 architecture。”

梁思成晚年时曾说道：“我当时连建筑是什么都不知道。是的，就因为林徽因喜欢，而自己恰好也擅长美术，便和她一起攻读建筑学。”

林徽因回国之后，便在长辈的撮合下与梁思成谈起了恋爱。林徽因喜欢北海公园新建的松坡图书馆，因此二人经常去那里约会。不仅如此，林徽因还经常去清华学堂看梁思成的音乐演出。那些时日温暖而单纯的恋爱于林徽因而言是快乐温馨的。

两个人都是青涩懵懂，对未来的憧憬使他们的心越走越近。但真正使他们的恋爱发生质变的却是一场意外的车祸。

1923 年 5 月，梁思成骑摩托车上街被汽车撞倒，浑身是血。即便送到医院治疗，也因伤了筋骨而落下终身残疾。那时候，林徽因并没有在意这些，只是天天去医院看望梁思成，帮他擦脸擦身，照顾得无微不至。这种频繁的亲密接触使二人的恋情更加稳固甜蜜。

1924 年，林徽因中学毕业，考取了半官费留学。感情深厚的二人一起远渡重洋，开始了异国求学之旅。在离家乡千里之外的地方，两人互相依赖、信任彼此，感情日益深厚。

1928 年春，林徽因与梁思成在渥太华梁思成姐夫任总领事的中国总领事馆举行婚礼，成为彼此生命中最重要的人。

梁思成在林徽因去世后又娶了自己的学生，甚至还发出了“第二次结婚才让他有婚姻的感觉”的感慨。很多人认为，这种感慨是因为梁思成并不真正爱林徽因，两人的婚姻不过是“金玉其外，败絮其中”，看上去圆满幸福，其实极其不幸。这种臆测其实是非常不负责任的。且不说林徽因的美丽与才情，单就两人在事业上的共同追求，便是寻常夫妻所无法比拟的。

金岳霖到他们家去，常常看见林徽因和梁思成在自家屋顶上爬，为野外测绘练基本功，老金当即作了一副藏头联：梁上君子，林下美人。嵌了这夫妇二人的姓氏，上句打趣梁思成，下句奉承林徽因。这无疑是对他们二人的最好写照。

一份感情，若只是平时生活中的柴米油盐酱醋茶，终究会被磨平激情，日渐乏味。可有着共同事业追求的夫妻，他们的目光除了互相凝视外，更多的时候是注视着同一个方向。正如舒婷写的那样：“你在我的航程上，我在你的视线里。”林徽因和梁思就像两个经过了生活打磨的齿轮，在岁月中渐渐融合成了一个充满生命意义的整体。

梁思成、林徽因的婚姻除了共同的事业追求外，即便是在日常生活中，也充满了情趣。

有时候，两人比记忆，互相考对方，哪座雕塑原在何处石窟、哪行诗句出自谁的诗集，这种氛围让人想起李清照和赵明诚的故事。真的是“赌书消得泼茶香”般平淡而令人羡慕，只怕多年后林徽因去世，梁思成再想起那段日子，也是感慨“当时只道是寻常”吧。

民国时期文人中流行着一句俏皮话：“文章是自己的好，老婆是人家的好。”梁思成将其改成“文章是老婆的好，老婆是自己的好”，这句话在朋友中流传开来。

的确，梁思成对作为林徽因的丈夫一事是有一定压力的，毕竟这样一个美丽聪慧的女子，需要的不仅是生活中的贴心温柔，更多的是精神上的共鸣。两人相伴一生，难免发生口角，经历波折。但不论一帆风顺还是困顿颠簸，哪怕是处于极度艰苦的境地，夫妇二人都始终相扶相携，相濡以沫。

林徽因曾自嘲两人是一对难夫难妇。可是，直到他们走到了时光的最后，还是难夫牵着难妇的手，将她送到了终点。

有些人，前世今生似乎注定相遇、相知、相恋，不因时间跨度，不因空间阻隔，终究要与你共度一生的韶光。

3

人生总是充满了各种偶然和邂逅，也许是对的时间邂逅错误的人，也许是对的人却相遇在错误的时间。相遇的时候，我眼中的惊喜是为你，离别的时候，你心中的柔软可曾属于我。

说起林徽因，人们总不由自主地想起徐志摩，仿佛这两位浪漫的诗人便该比肩而立，携手一生。可现实却总是有诸多遗憾，不得圆满。

1920 年，16 岁的林徽因随父亲林长民到英国定居一年，当时已身为人父的徐志摩也恰巧到来。二八芳华的林徽因漂洋过海，客居异乡，偏偏于千万人之中，遇着儒雅温润、浪漫风趣的大诗人徐志摩。诗人的敏感与多情催促着徐志摩写下一封信表白，如果有一天自己获得了林徽因的爱，那么他飘零的生命就有了归宿，只有爱才能让他匆匆行进的脚步停下。

可张幼仪的存在却让林徽因无法忽视，据说她回了这样一封信，说自己不是那种滥用感情的女子，徐志摩若真的爱自己，就不能给自己一个尴尬的位置，他必须在两个人之间选择，不能对两个女人都不负责任。

尽管她需要徐志摩给出选择，但事实上，她却在一番痛苦思考之后与父亲一起提前离开，不辞而别。

林徽因无疑是睿智而理性的。她不像一般少女，一旦受到了感情的懵懂指引便一意孤行，不管不顾，就算和全世界的人为敌，也要大喊这是为了自由，为了真爱，仿佛坚持这份朦胧的感情就是东方的朱丽叶。等到为这段感情耗费了大量的时光和精力，才明白自己到底想要什么。

当林徽因理智退出，不愿再插足他人的婚姻家庭时，她便明白到底谁才是适合自己的终身伴侣。徐志摩却疯狂了，追到北京，就算当时梁思成已经出现，他却依旧不管不顾。

金岳霖在这件事上认为徐志摩不自量力，他提到林徽因和梁思成早就认识，两人是两小无猜，两家又是世交，连政治上也算世交。徐志摩总是跟着要钻进去，钻也没用！金岳霖认为徐志摩不知趣，他很可惜徐志摩这个朋友。比较起来，林徽因思想活跃，主意多，但构思画图，梁思成是高手，他画线，不看尺度，一分一毫不差，林徽因没那本事。他们俩的结合，结合得好。

看吧，这终究是人世间的爱情，无法成为幻想中的空中楼阁，只要享受片刻欢愉便能粉身碎骨。建立于一定的经济基础上，基于共同的爱好和认知，这种沾染了尘世烟尘的爱情终究是最圆满的。尽管林徽因从来不否认自己和徐志摩在灵性上的共鸣，为此她是这样说的："他变成一种 stimulant 在我生命中，或恨，或怨，或 happy 或 sorry，或难过，或苦痛，我也不悔的。"

直到徐志摩飞机失事后，林徽因除了发表悼文以寄托哀思，她甚至把丈夫拣来的一块飞机残骸悬挂在自己的卧室中。可林徽因又是矛盾的，她渴望用理性控制自己的情感，即使是在悼文中，她也明确表示"他如果活着恐怕我待他仍不能改变"，"也就是我爱我现在的家在一切之上的确证"。可当她弥留之际，却又不得不遵从内心深处的愿望，提出了要见见徐志摩孩子的要求。

张幼仪的自传中曾说，林徽因在医院里，刚熬过肺结核大手术，大概活不久了，连丈夫梁思成也从他正教书的耶鲁大学被叫了回来。林徽因要见张幼仪，她带着阿欢和孙辈去了。林徽因虚弱得不能说话，只看着他们，头摆来摆去，好像打量着自己。张幼仪想，林徽因此刻要见自己一面，是因为她爱徐志摩，也想看一眼他的孩子。她即使嫁给了梁思成，也一直爱着徐志摩。

张爱玲说过，也许每一个男子都有过这样的两个女人，至少两个。娶了红玫瑰，久而久之，红的变成了墙上的一抹蚊子血，白的还是"床前明月光"；娶了白玫瑰，白的便是衣服上的一粒饭粘子，红的却是心口上的一颗朱砂痣。

这于林徽因而言，又何尝不是呢？

4

在那些才子佳人、英雄美人的故事里，痴情的角色似乎总是由女性来扮演，无论是苦守寒窑十八载的王宝钏，还是为爱低落到尘埃中的张爱玲，都不过是一句：蒲草韧如丝，磐石是否无转移。

而金岳霖，却为了追逐那“世外仙姝寂寞林”而坚守终生，无所转移。

1931 年，林徽因因病在北京休养。徐志摩一方面想去探病，另一方面又担心他人的流言，于是便邀请自己的好友金岳霖等人一起前往。而这一见，颇有“一见徽因误终生”之意，这个从国外留学归来，当时颇有名望的哲学家和逻辑学家，依旧没能在林徽因的美貌与才情中保持理性。

在每周的“太太客厅”的聚会中，金岳霖是常客。双方都有着留学的文化背景，志趣爱好又非常合得来，因此交情不错。金岳霖以朋友的姿态对林徽因照顾呵护，而林徽因对这个才华出众的男子也钦佩敬爱。甚至，当梁思成与林徽因吵架而双方不肯让步的时候，也是找金岳霖来评理。

徐志摩去世后，金岳霖就住在了梁家的后院，陪伴林徽因走过了那段最灰暗的时期。金岳霖用哲学家的理性驾驭了自己的感情，他以这种节制的情感爱了林徽因一生。

当林徽因怀有身孕的时候，梁思成却因外出考察而无法照顾她，金岳霖便细心照顾当时身怀六甲而情绪不稳的林徽因。正是这段时间的相处，使得林徽因对他产生了一种情感上的需求，而这种情感则更类似于精神上的支持而非单一的男女爱慕。

有一次，梁思成从外地回来，林徽因直接告诉他自己的烦恼：“我苦恼极了，因为我同时爱上了两个人，不知道怎么办才好？”梁思成一夜无眠，在深思熟虑之后告诉林徽因：“你是自由的，如果你选择了老金，我祝愿你们永远幸福。”林徽因又将这些话转告给了金岳霖，金岳霖是这样说的：“看来思成是真正爱你的，我不能伤害一个真正爱你的人，我应该退出。”

原本理不清的三角恋竟如此简单地化解了，三人也因此成为终生好友，大部分的时间都住在一起，隔院毗邻而居，仿佛那树木与藤蔓，一荣俱荣，同悲同喜，命运相连。

林徽因曾给好友费慰梅写过一封信，而这封信的背后，却是他们三人之间的亲密与默契。

当时抗战时期条件非常艰苦，林徽因和梁思成住在李庄，二人的生活非常困难。金岳霖一有时间就来看望二人。林徽因听着头顶日本轰炸机飞过的声音，便提笔在信中这样写道：思成是个慢性子，愿意一次只做一件事，最不善处理杂七杂八的家务。但杂七杂八的事却像纽约中央车站任何时候都会到达的各线火车一样冲他驶来。我也许仍是站长，但他却是车站！我也许会被碾死，他却永远不会。老金是那样一种过客，他或是来送客，或是来接人，对交通略有干扰，却总是使车站显得更有趣，使站长更高兴些。

林徽因写完后就把信交给金岳霖看看是否有要补充的，金岳霖便接着写下了这么一段话：我曾不知多少次经过纽约中央车站，却从未见过那站长。而在这里却实实在在既见到了车站又见到了站长。要不然我很可能把他们两个搞混。

金岳霖写完，梁思成接过信又附言道：现在轮到车站了，其主梁因构造不佳而严重倾斜，加以协和医院设计和施工的丑陋的钢板支架经过七年服务已经严重损耗，从我下方经过的繁忙的战时交通看来已经动摇了我的基础。

远在华盛顿的费慰梅和丈夫对着这张又薄又黄的劣质纸张哭笑不得了很久，看着没有分段，字体极小，裁去了天头地脚只为节省纸张与邮费的信，二人心中满是心酸。

在这段艰辛岁月中，金岳霖曾和他们夫妻俩分开过一段时间。金岳霖回忆时是这样说的：我离开梁家就像丢了魂一样。

再度重逢之后，金岳霖几乎没有离开过他们。当林徽因这个曾经风华绝代的女子因病魔的折磨而缠绵病榻时，金岳霖依旧每天下午三点半出现在林徽因的床前，雷打不动。也许是为她念一段书，或者是送上一杯热茶，有时候则带她的两个孩子出去玩耍。

有时候，爱情的誓言不一定是大声喊出"我爱你"，也可以是在心里默默写下"在一起"。

直到很多年以后，林徽因已化为尘土，芳踪难寻。而梁思成亦另娶了自己的学生林洙，过上了他期盼已久的寻常夫妻生活。都说这世间最抵不过的便是时间，没有任何情感能在时光的消磨下依旧散发出曾经的光彩。可金岳霖，仿佛时间在他的身上从未起过作用。

某一日，金岳霖将过去的朋友都请到北京饭店，也没说是为了什么。当众人齐聚在一块时，金岳霖只是轻轻叹了一声说，今天是林徽因的生日。在座闻此言者，都停下了手中的碗筷，望着这个终生未娶的痴情人，感叹不已。

梁思成一家跟他相处融洽，他还和林徽因、梁思成的儿子梁从诫生活在一起。梁思成故去以后，金岳霖仍跟梁思成的儿子住在一起，梁从诫将金岳霖看作自己的亲生父亲一般，亲切地称呼他为"金爸"，对他行尊父之礼。梁从诫悉心照顾这个为了林徽因终生未娶、亦无后人的大哲学家走完生命最后一程，并将他和林徽因同葬在一处，让这两人生死都是近邻。

曾以为魏晋之后再无君子风骨，而金岳霖让我相信，这世上真有一种人，谦谦君子，温润如玉，能为了心中挚爱而孤老终生。

5

“我们的太太自己以为，她的客人们也以为她是当时当地的一个沙龙的主人。当时当地的艺术家，诗人，以及一切人等，每逢清闲的下午，想喝一杯浓茶，或咖啡……便不需思索的拿起帽子和手杖，走路或坐车，把自己送到我们太太的客厅里来。在这里，各人都能够得到他们所向往的一切。”这是冰心曾写过的一篇小说，题目叫《我们太太的客厅》。许多人认为这文中的太太影射的是林徽因，但冰心后来解释说，她写的是陆小曼而非林徽因。不过，这其中的真相如今已不得而知。

上世纪30年代，的确存在着这样一个“太太的客厅”，其中的女主人自然是林徽因。当时，北京城里最优秀的学者、教授便聚集于此。这个客厅如它的女主人般精致而充满吸引力，人们来到这里，不是为了女主人的美丽，也不是为了应酬社交，而是被这个客厅里的太太的渊博的知识、独特的思想、特别的个性吸引。她既有东方传统女性的温柔体贴，也包含着西方女性的自由独立。这也使得客厅中的言论交流永远充满了理解与赞扬，她不似过去的女子用高傲与矜持打造虚伪的面具，她更愿意以一个学者的姿态大方地待人接物，与人沟通。

萧乾也曾是太太的客厅中的一员，据他的回忆，林徽因说起话来，别人几乎插不上嘴。林徽因的健谈绝不是结了婚的妇女那种闲言碎语，而常是有学识、有见地、犀利敏捷的批评。萧乾后来心里常想，倘若这位述而不作的小姐能够像 18 世纪英国的约翰逊博士那样，身边也有一位博斯韦尔，把她那些充满机智、饶有风趣的话一一记载下来，那该是多么精彩的一部书！

这个原本普通而平凡的客厅，因为林徽因的特别而变得特别，它不像政客权贵的客厅，带有明显的功利色彩，它也不属于交际花的客厅，只是为了打发无聊的时间。林徽因的客厅，是属于那群为了谈论文艺的知识分子的。或许最初，林徽因并没想过要刻意打造一个“太太的客厅”，而是当初她在香山养病时，那些经常探望她的朋友们自发形成的习惯，以至于当林徽因回到北总布胡同的家里之后，那些朋友还是经常来坐坐。

除了最初经常来探望的朋友，越来越多的学者慢慢融入这个客厅中来，他们为林徽因的美丽与才情所吸引，愿意来到这里与她进行交谈，享受一段轻松愉悦的时光。因为林徽因对感情的独特理解，别人也愿意同她分享自己的烦恼，寻求开解和帮助。

费正清曾评价林徽因说，她是有创造才华的作家、诗人，是一个具有丰富的审美能力和广博的智力活动兴趣的妇女，而且她交际起来又洋溢着迷人的魅力。在这个家，或者林徽因所在的任何场合，所有在场的人总是全都围绕着她转。她穿一身合体的旗袍，既朴素又高雅，自从结婚以后，她就这样打扮。质量上好、做工精细的旗袍穿在她均匀高挑的身上，别有一番韵味，东方美的娴雅、端庄、轻巧、魔力全在里头了。

当如此多的文人学者对林徽因赞誉有加，当林徽因的客厅成为 20 世纪 30 年代最有名的文化沙龙，为学问青年们心神向往之地时，也有人对此是极为不屑的。这从冰心的那篇小说中便不难看出。

但这些并不影响林徽因的朋友圈，她的音容笑貌、观点见解都让人们感慨不已，也为此，下一次聚会时朋友们便又在她的身边出现，只为了获得一种精神食粮。不得不说，这样一个不顾世俗看法，勇于走出过去狭窄的圈子，真诚地与人交流学术知识、人生感悟的人是很难得的。

当男人聚集在一起高谈阔论时，便被公认为美谈一件，如果这群男人当中出现一个女子，一个美貌而有才气的女子时，似乎或多或少便夹杂了暧昧的气息，仿佛这一群男人只为了这样一名女子的美丽而趋之若鹜，仿佛这样一个女子只为了虚荣地展示自己的才华而矫揉造作。且不说这些男人皆是当时各界的精英人士，有着独立的人格和不俗的抱负，单就这名女子来说，即便美丽也不是来源于清秀的外貌，而是渊博豁达的内心。

当短暂而愉悦的聚会结束后，林徽因便会在画板前画图，或者在桌前写诗，有时候会阅读一些建筑学论文和经典文集。当下一次聚会再度来临时，她便将自己的生活趣闻、经历以及得出的感悟思考告诉朋友。

她是一个尽职的太太，却从不因为照顾家人子女而放弃自己的专业追求和独立的人格。当冰心的那篇文章刊登后而引起外界的流言猜忌时，她也从未因舆论的压力而闭门谢客，而是送了一瓶山西陈醋给冰心，巧妙而委婉地表明了自己的观点立场。她不屈从于世俗观念而放弃自己原本舒适的生活，在她的思想中，传统相夫教子的观念已不能成为她束缚牺牲自我的理由。

很多时候，当女人面对社会不公平的观念而不得不接受他人既定的角色安排时，她却带着强烈的自我意识摆脱了男权社会强加给女人的命运。

她能和当时中国最优秀的男人们高谈阔论，针砭时弊，也能以一双女子的脚走遍祖国的山川大河，她更能用自己的一支笔，从女性的视角倾诉内心的种种情感。

尽管她的孩子没有得到足够的属于母亲的时间，但她的孩子从这样一个女性的身上明白了平等的尊重和友谊。

这就是属于林徽因的客厅，一个独立的中国女性。

6

人间四月芳菲尽，当这世间的女子在交际场中争奇斗艳之时，林徽因却在深山之中绽放她的美丽。这份美，不随时间流逝，不因容颜枯萎而凋零。

当我们提及林徽因时，最先想到的是她与三个优秀男人的情感纠葛，是她在文学上的优秀造诣，是她那首《你是人间的四月天》的吴侬软语。当她的丈夫梁思成被称为建筑学巨匠的时候，鲜有人知道，林徽因这个集美丽与才华于一身的柔弱女子，竟然也是一个建筑学家，她在建筑学上的成就并不逊于自己的丈夫。

大概人们对于女子的要求总是局限于美貌与才艺，仿佛女人，尤其是一个擅长诗歌文章的女人就更应该是感性而柔软的。建筑的理性与艰苦，似乎天生就与女人无关。而林徽因，偏偏是这样一个在理性与感性中找到平衡的女子。建筑，仿佛是她心灵中的诗歌。

上世纪 20 年代末期，林徽因担任东北大学建筑系副教授，并且参加了由张学良出资发起的东北大学校徽征集比赛。在人才济济、高手如林的赛事中，林徽因凭借其设计的“白山黑水”图案获得了第一名。或许，正是建筑学本身的严谨和理性混合着她特有的女性温柔气质，才让她在众人之中一举夺魁。

这种才华的背后是她多年的刻苦求学和艰辛的实践经历。很难想象，这样一个看似柔弱的女子竟能同丈夫一起在深山老林中风餐露宿，爬山涉险。她能优雅自如地出入于上流社会的社交场所，也能忍受野外测绘的清贫孤寂。

除此之外，在保护民间建筑的问题上，林徽因还是中国建筑界的第一人。

罗哲文先生曾回忆到，1953年，北京市开始了拆除牌楼的计划，一时间，这个曾经承载着古老文明的城市遭受了一场大规模的拆除工作。为了挽救多朝古都留下的最后见证，保护仅剩的完整牌楼不遭政治毁灭，林徽因的丈夫梁思成与时任北京市副市长，即这次拆除任务的解释者发生了一次激烈的争论。

不久，文化部社会文化事业管理局局长郑振铎邀请文物界知名人士参加晚宴。同济大学教授陈从周回忆说，林徽因指着吴晗的鼻子大声谴责，虽然那时她肺病已重，然而在她的神情与气愤中，真是句句含深情。

当时，北京市政府曾召开了一次“关于首都文物建筑保护问题座谈会”。会上，林徽因提出：北京市保护旧文物建筑多半限于宫殿、庙宇，对民间建筑没有多加注意。艺术从来有两个系统，一个是宫殿艺术，一个是民间艺术，后者包括一些住宅和店面，有些手法非常好，如何保存这些是非常重要的。时任国家文物局长，同时也是著名文史学家的郑振铎对她的言论非常支持，这对以后保护古建筑文物的工作起到了积极的指导作用。林徽因清晰明确地提出保护民居建筑遗产的重要性，这种观点从建筑学的角度来说，即便是在当时的国际上也是十分少见的。

林徽因曾在《营造学社汇刊》上发表了关于中国建筑特征的专业性论述文章，这应该是中国专业的学者首次发表的关于中国建筑的理论性文章。

难以想象，首次从理论上定义中国建筑的木框架结构体系基本特征的竟然是一个女子。这其中的意义不仅是建筑学上的创举，更是一种女性走出男人的阴影，切实开创一片天地的象征。林徽因用实际行动告诉世人，女人不仅是游走于交际场上的美丽点缀，更是纵横学术界的不可缺少的人才。

这一理论很好地解释了西方建筑学家对中国古典建筑的误解，毕竟西方的古典建筑大多以砖石建造，为垒砌结构。直到今天，这一基本认识依旧被建筑学界所承认。从这方面来说，把林徽因称为中国建筑历史与理论的奠基者与先驱者一点也不为过。

另一方面，林徽因对中国传统民居的重视也是当时的建筑学者所无法与之相比的。大概是林徽因的另一个身份——作家所赋予她的敏锐观察，使得她对生活中的点点滴滴都有着深刻感知。林徽因曾写了《现代住宅设计参考》一文，在这篇文章中，林徽因深刻思考了“人”与建筑物的关系，她指出，在时代不断发展进步的前提下，过去不重视住宅的现象将会发生巨大改变。

林徽因在书中说到这样一个观点：现在时代不同了，多数国家都对于人民个别或集体的住的问题极端重视，认为它是国家或社会的责任，以最新的理想与技术合作，使住宅设计不但是美术，且成为特种的社会科学。当大家都将目光放在大型公共建筑和古代尊贵建筑之上时，林徽因却非常有远见地提出了重视“人”的思想。

这种先知来源于她博采众长、学贯中西的知识，她有着文学家的人文关怀，也糅合了西方“文艺复兴色彩”般的艺术气质。女性独特的敏锐观察力，以及对建筑学的认真严谨，这一切都让她在中国建筑学中占有重要的一席之地，对中国建筑学有着基础性和发展方向性的重大贡献。

林徽因，堪称中国建筑学的先行者。

从云端到尘泥

——凌叔华

1

“在这里我所认识的是一个继承元明诸大家的文人画师，在向往古典的规模法度之中，流露她所特有的清逸风怀和细致的敏感。她的取材大半是数千年来诗人心灵中荡漾涵泳的自然。”朱光潜这话正是评说凌叔华的。

朱光潜向来最赏识古典诗里陶渊明的境界，称其为静穆的伟大。因为这话，他与金刚怒目的鲁迅起了段争执，倒是公案一件了。想来在这二人争执而互不相让时，凌叔华当是要赞同朱光潜的吧。她与朱光潜为新月社同道中人，为的也正是这古典静穆之向往。

凌叔华做小说家时就不曾写那乱世中的血泪，悲歌与激愤也一并全无。当日里急躁的青年们无心去读这样的文字，她却真是清澈得仿佛来自另外的世界。

她作《水仙》之画，多年后，当日曾亲见此画的人仍旧感叹，满幅清丽的叶与花，脱尽尘俗，似乎是焚香清供的那一类。而其山水画中题词道：“闲来静坐学垂钓，秋水秋色入画图。”

一个现代人的外貌，内里隐着古典的心灵。一个乱世里的人，携着桃花源的风景。一个娇柔的女子，落笔尽是文人的风骨。这些，未尝不是件奇事了。

苏雪林曾回忆说，凌叔华的眼神很清澈，但她同人说话时，眼睛里常带着一点儿“迷离”，一点儿“恍惚”，总在深思着什么，心不在焉似的。他常戏说她是一个生活于梦幻中的诗人。

陶渊明赋诗《时运》而言：“延目中流，悠想清沂。童冠齐业，闲咏以归。我爱其静，寤寐交挥。但恨殊世，邈不可追。”这情怀荡漾了千年的古典时代，便是那些身居庙堂身不由己之人，也总要做些隐居避世、清洁自持的念想的。

文人画便是取山水花竹入笔端，山要俊秀，水欲清透，以作这悠悠情怀之见证。旁人看来不过是随意几笔，不值一提，甚至还要嘲笑王维误将翠竹画在雪地里，陈寅恪却是一语道破，古来文人作画，“不在画里考究艺术上功夫，必须在画外看出许多文人之感想”。

然而古来文人多不是纯粹的快乐者，即便是如陶渊明般“清琴横床，浊酒半壶”，亲力亲为超逸之境界，也不过还是要感叹那清静平和之世“邈不可追”，而这乱世总看不到尽头。他们只是专职的梦想家罢了，而能尽力保住清静的，从来只有自己这孑然一身。

上世纪40年代战火愈演愈烈，凌叔华其时在武大授课，随武大内迁而历尽困苦艰险。眼见得世道一日日沦落，凌叔华也愈来愈依赖丹青。古典的山水从来是苦闷之时最好的寄托之处，沉浸于此，暂时可“忘掉操作的疲劳及物价高涨不已的恐惧”。

及至1947年客居异国，凌叔华更加自持一如古典文人。她侍养兰竹，弹筝作画，像是全然隔绝了这异国都市的喧嚣。“不知为什么，欧洲的山，在我印象中，殊为漠漠。”到底是西方异国情调没有移植在东方人的心坎上的缘故吧，实则这正是西方油画与文人水墨画的区别。文人落笔处，总不欲只是摹画某一座山的样子。见山不是山，见水不是水，万物不过心境而已。

凌叔华的灵性，携带了中国古典艺术精神中的“胸中逸气”，便在异国他乡也开出了圣灵的花。巴黎是世界艺术之殿堂，那里曾聚集过欧洲最为惊心动魄的画作。她未曾料到，自己能够在这个世界顶级的艺术殿堂展示自己，展示中国风韵。更未曾料到的是，习惯了写实艺术的西方人，竟也能对这只在中国画风里才有的写意如此心领神会：一条轻浮天际的流水衬着几座微云半掩的青峰，一片疏林映着几座茅亭水阁，几块苔藓卷着的卵石露出一丝深绿的芭蕉，或是一湾静谧清莹的湖水旁边几株水仙在晚风中回舞……

“明月松间照，清泉石上流。”想来在中国诗词世界里，这一番宁静致远的诗情画意，也只有王摩诘入味最深。诗中有画，画中有诗，诗也罢，画也罢，总离不了“诗意”二字。“诗意”可谓中国画作成长的沃土，有了这诗意，那些个山川、花竹也便一并有了生命。也只有心灵剔透之人，方可品味出其中之真谛。凌叔华这般女子，自是能全然领悟画于笔端的。那些雾气霭霭的山峦，两岸线条模糊得几乎与光影相混的一抹淡淡的河流，用淡灰色轻轻衬托的白云，构成她独特的、在朦胧梦境里涌出来的世界。寥寥数笔，便能生出鲜活的一株幽兰，一茎木兰花，一串苹果花之蓓蕾……凌叔华的欧洲画展实乃让西方人真正领略了中国古典水墨画的魅力。

将一片诗心化为画魄，这也是凌叔华不同于旁人之处。诗与画，自古就是一对孪生姐妹。古典诗词，总是文人墨客看了景致有感而发，要把胸臆寄托于辞藻，让众人去会意。古典水墨画，也是因了景致而生情，欲把胸中丘壑舒展于画卷，挥毫泼墨而成一幅美景。

诗与画，皆有灵魂，能够将二者融会贯通于一体，便成经典。凌叔华画作之动人处，便在于以一个古典诗人之情怀，构筑了中国水墨画的精魂，让世人能够得见丰盛的古典诗词跃然于画纸之上的神奇妙力。

旅居国外多年，虽以西餐充腹，也研习西洋画，但中国古典魅力之精魂却始终萦绕在凌叔华心头。人生会经历诸般转机，但没有一次能够与最初的记忆相抗衡。她的全部，早就留给了那个老北京，那个让她永远无法释怀而眷恋着的地方。回国后她还曾背着画架去北京史家胡同，寻找那片喂养过她灵性的留在记忆深处的影子。在弥留之际，她抬起笔，在纸上留下了"最后的一片叶子"。

以画而生，又以画作结，注定一生都与这画有着不解之缘。

2

在绣枕上绣出层层的丝绸线，绣出雅致的荷花翠鸟，凤凰和山石却隐匿在黄昏的光影里，延伸到不见光的尽头。她用了自己全部的心血在这一针一线之上，她朦胧地憧憬着这绣品为她带来好姻缘。她夜里也曾梦到她从来未经历过的娇羞傲气，穿戴着此生从未有过的衣饰，许多小姑娘追她看她，羡慕她，许多女伴面上显出嫉妒之色。白总长家的二少爷最终是没娶到大小姐，这终究不过是一场幻景罢了，精致的绣物白白被人糟蹋，她也再不可能等到那幻想中的好姻缘了。《绣枕》中的大小姐，最后便这样寂寂地逝去了。

"庭院深深深几许"，凌叔华写这故事时，是深深叹息着的。既已深悟了高门巨族女子的不幸，便是要揭发抨击的。她自己从高门巨族的庭院中走了出来，便再也不愿回到那仅仅抱着些缥缈的幻梦过寂寞日子的牢笼里去了。鲁迅说她写出了“高门巨族的精魂”，而这女子自己，早做了深闺淑女的叛逆者了。

叛逆者要拥有担当的勇气，更重要的是有对所要夺取之物的渴望之心。凌叔华在与陈西滢悄悄恋爱了两三年之后，直到要谈婚论嫁之时，方才将这事告诉了她那保守的父亲。暗地里她托了凌家的世交去父亲面前为之说媒，这是凌陈二人合谋的计策。那说媒之人只管向凌父大谈陈西滢的才华与为人，凌叔华听着心中真是忐忑，而又为着自己的大胆而暗自窃喜。凌叔华真是这样看似温婉，而内心汹涌奔腾、行事又往往出人意料的人。

那时候的北京，个性解放，自由恋爱风行，而学院之中的人物，如胡适诸人，正是领风气之先者。这是昏沉之世中一丛破土新芽，亮眼的新色令人欣喜。凌陈自由恋爱而结成百年之好，这事情在当日引了无数人的关注。先前各样新式小说中写勇敢的女学生如何追求自己的幸福，今日却真有此二人将小说中稚嫩的故事演绎在世人面前。胡适作为新风气的首要倡导者，为了这件事简直要“手舞足蹈”起来了。他在二人的婚礼上大谈了一番，“中国夫妇只知相敬而不言相爱，外国夫妇只言相爱而不知相敬，陈君与凌女士如能相敬又能相爱，则婚姻目的始得完成”，俨然将凌陈二人的结合当作当日里恋爱新风气的典范了。

凌叔华、陈西滢以及胡适诸人当时皆是新月派人，若说起来，新月派倒真是这浪漫恋爱之温床。他们喜办一些文艺的聚会与沙龙，他们将法兰西的浪漫带入此中，其间常常高谈浪漫之文艺，也培养着温馨而自由的恋爱情愫，他们似是决心要做文艺精神恋爱的践行者。“新月派”本就是一个清新飘逸如山水画般的派系，处处闪现美的神韵。正如徐志摩，恰如雪花在半空中飘舞。他们在文艺间自由地飞舞着，带着雪花般剔透的心与梦。他们相互轻柔地触碰，相偕而行，永不止息地舞动。

这一切都是浪漫而文艺的，亦如当初他们的相识。1924 年泰戈尔访华之时，国内对此虽众说纷纭，但胡适、徐志摩等人却最是欢迎他的。凌叔华其时尚为燕京大学学生，被派为接待泰戈尔的代表。宴席间，诸位高谈阔论，意气飞扬，虽有泰戈尔这般大人物，也有众多当日文坛名流，却挡不住凌叔华的年轻气盛与才华横溢。便是泰戈尔，亦注意到了这个小姑娘，且据说泰戈尔后来曾对徐志摩说，凌叔华的才华较林徽因是有过之而无不及的。当日陈西滢亦在场，凌叔华便带着这般新奇的色彩令他惊异。

自此以后，凌叔华遂融入新月社这个群体中。他们是将所有的青春年华都付诸文艺的人，或相聚而高谈阔论，或通信而抒写性灵，或潜心创作而相互品评。他们自由地梦着，努力地梦着，如惊鸿一瞥，令后来人只能远远地隔着历史的尘烟而叹为观止，徒然向往罢了。

世人认识陈西滢，多半缘于他的《西滢闲话》，他还因此与鲁迅结下了矛盾，以致在我们今人的意识里，诸如陈西滢之流必是败类。陈西滢和胡适等人于 1924 年创办了《现代评论》杂志，且在最初的几卷中，陈西滢担任文艺版阅稿人。而在 1925 年，《现代评论》方才创刊两三个月之时，凌叔华便将她的小说《酒后》发表于此，不久又发表《绣枕》。这两篇小说提升了凌叔华在文艺创作上的名声，为其高姿态地迈入文坛做了探路，而作为阅稿人的陈西滢，正可谓是这第一步的引导之人。陈西滢一直注视着她的作品，他们由此渐渐有了更多的交流，而终至于互通心灵了。

她曾写信给胡适提到，这原只是在生活上着了另一种色彩，或者有了安慰，有了同情与勉励，在艺术道路上扶了根拐杖，虽然要跌跤也躲不了，不过心境少些恐惧而已。大抵乱世之中，世事纷纭，人情冷暖，做着文艺幻梦的人，便以文艺为唯一可靠的、握得住的安慰。陈西滢愿与她在文艺的路途中互相牵引、提携，这便是人生之中的幸事了。

然而似乎两人关系能够走到如此地步的原因也并不止于此。她虽是声名鹊起的女作家，却也只是一个需要为自己的未来做些打算的女子。实际上，凌叔华当日在文艺中的知己并非只陈西滢一人。她那时曾与徐志摩在往来信件中交谈甚深，彼此关系已是非同一般，后来甚而有人猜测过他们之间的暧昧。然而几年后，凌叔华在此二人之中，却终于未选择徐志摩。她在多年后为当年与徐志摩的关系做辩解时提到，当日自己已决心同陈西滢结婚，所以与志摩只是文学上的朋友而已。

这选择固然与徐志摩本身有莫大关系，在凌叔华看来，徐志摩大约是只可做文艺上的知己，而未可以为终身之依靠的。他永远如飞扬着的雪花，在各个庭院上方都展现着美妙的姿态，却不会停留在地上，让自己真正地消融于世间某一物、某一人。凌叔华到底是一个目光敏锐的女子。而相较之下，陈西滢头脑清晰，理解迅速，观察准确，是许多人所不及的。陈西滢身上虽无徐志摩那般浪漫的迷人气质，然而就长久的日子来说，这却是莫大的优点。凌叔华自幼惯见大家族中的钩心斗角、人情冷暖，到底在性情中是不能不有些算计的，她敏锐地洞察着未来的生活，而不只凭浪漫的感觉。

3

凌陈二人那神话般的自由恋爱却只是他们年轻时候的故事，二人的婚姻虽维系了一辈子，然而其中真挚的感情却未能贯穿始终。结婚仅几个月，凌叔华就病了一场，病好后人极瘦，便回了京，终日一副“灰郁郁”的样子，很多人觉得好奇，这对夫妻究竟快活否，他们在表情上太近古人了。

两人的矛盾在繁琐的生活中开始激烈起来。从燕京大学毕业后，凌叔华曾想过在故宫博物院任职，研究古代绘画，主持文学沙龙，欲用写作证明女性在这些领域中的价值。但是现实中，她只能陷在妻子和母亲之身份的生活中。他们的婚姻，从一开始就暴露出诸多不和谐的因素。凌叔华显然不甘心扮演那种传统的相夫教子的女性角色。他们对于婚姻有过一番激烈的挣扎是毋庸置疑的，虽然他们仍旧维系着一个家庭一直到老，但是他们过得并不愉快。

曾经都是怀揣美好理想的热血青年，对婚姻亦看得神圣，也经历了自由浪漫的恋爱，不可否认，当时的他们是相爱相知的，只是到了朝夕相处之时，生活中的冲突已然啃噬了这份浪漫和美丽。夫妻二人从当日的浪漫相恋而至于后来矛盾渐生，本来其中关系着太多的因素，外人很难道尽。不过大致看来，陈西滢在性格上缺乏徐志摩的浪漫，严肃而木讷，又一心投入他的工作里。本来凌叔华选择他是由此，而真正生活在一起之后，这种性格使凌叔华感到了稳定，一如她当初所希望的那样，但她的生活亦不免渐渐陷入了冷寂之中。她是生性热情之人，却无法从他的身上再取得任何热情的源泉。当年轻热情的诗人朱利安突然映入眼帘时，虽已至中年，她却以出人意料的速度与他坠入了爱河。

朱利安与陈西滢是极不一样的。他可以很热烈，他将爱情视为信仰，不惜挥舞手中利剑去捍卫，这或许也是凌叔华先前未曾料到的。她也曾深深地怀疑自己的选择辜负了当年的叛逆。她未能像自己理想的那般，过寻常日子。那在人前的优雅的大家闺秀，只不过是掩藏了内心强烈渴望的幻象罢了。诸人皆知她从那高墙巨门之中逃离出来，却无人懂得那颗热烈的、激情的心。而直至年轻诗人走进来，才将这久久埋藏着的热情唤醒了，曝晒在日光之下，让它自由地挥洒、绽放了一段时光。

“我昨晚读了劳伦斯的短篇小说……一个人在孤孤单单的旅行途中，心不在焉的时候一定喜欢读这样的东西。”在旅行途中，凌叔华常以这般散漫无羁的语句向他倾诉。冬天的风景是极美的，辽阔的平原上散布着皑皑白雪与枯黄的草，如此多的生活景致，在凌叔华看来，都是那么美丽、自由。彼时她正兴奋地盼望着与朱利安的相会，于是呈现在她眼里的一切，都能如此令人兴奋、热烈，甚至是张扬着美。大抵她真的厌倦了陈西滢，她原本可以选择别样的夫君，如朱利安这般，能让她享受生活之热烈与美好。大约人生之中总要做件傻事，好似要在平淡生活中彰显我们生命的存在，那就如此这般放纵一次吧。

他们远离珞珈山，在凌叔华曾驻足的遥远的北京尽情地享受属于他们的日光。凌叔华将朱利安安排在一家离史家胡同不远的德国旅馆，陪伴朱利安游走古城名胜，故宫、北海、颐和园，还有酒楼茶肆，这些地方都是他们的倾情之地。朱利安是如此迷恋这从未体味过的东方神韵，在这尽是看戏、溜冰、洗温泉的日子里，朱利安欢喜极了。两人就如久在樊笼里的鸟儿，复得返自然后竟有些忘乎所以了，以至于在这段疯狂的时日里，朱利安感觉脑袋似乎被掏空了。他们挥霍着快乐，凌叔华竟找不到回去的路了，而朱利安竟也丢掉了随身携带之物。当初与陈西滢相恋时，这样的疯傻是凌叔华从未享受过的。说到底，终归是气场合与不合的问题。陈西滢之类是可以拿来过单调日子的，而朱利安的奔放与热情，是可以作为引燃她体内动荡因子的火把。其实，我们从来都很难相信有艺术家气质的女子是能够过得了稳妥生活的。即便她们的理智能够屈服，但是性情却难以契合。每个五四时期的艺术女子身上，也都如此隐藏着两个截然不同的自我。

但在这世上，愈是炽热华美的事物，就愈是短暂。绚烂之后必然凋谢，这是难以逾越的人生宿命，他们终不会永远这般疯狂下去。这场闹得整个珞珈山沸沸扬扬的恋情匆匆结束，并非因了陈西滢的阻挠。如陈西滢这般理智木讷之人，是断不会去与妻子纠缠这样的风月传闻，他纵有如何怒气，亦只是以出人意料的宽厚让凌叔华自己选择：或离婚随年轻诗人而去，或完全断绝关系回到本来的生活与家庭中来。不论怎样选择，陈西滢都会给予她自由。这段难以抵挡的恋情最终凋零，只是凌叔华一人所做的决定罢了。这时，她从疯狂中清醒过来。事实上，她大约比谁都更清楚，那年轻诗人是做不了她的终身归宿的，何况凌叔华除了有一颗热烈的心，亦有一颗精于世俗、善于计算的心。这种分裂让她不得现实与理想的平衡，为自己招致了诸多烦恼。

大约朱利安也是未曾打算与凌叔华结合的。二人在心灵上虽有些同声共气之感而彼此相惜，但是二人对于爱情还是有着根本之别的。对于携带着东方艺术气息的凌叔华而言，爱情从来都不是无任何目的的一次玩乐，她要寻的还是终身的依靠。这也是她与陈西滢再不睦，也未曾离婚的缘故吧。况且，若对方本来就不准备让自己依靠，又何必自毁前程而全部投入其中呢？这些凌叔华都是再清楚不过的。当凌叔华不得不在恋情与家庭之间选择时，她仍旧毅然决然地选择长久的家庭作为终身依靠，再热烈的情感都可以被这种理智冲破。

她的情感世界，注定就如昙花一般，是只能绚烂一时的。即使没有其他的种种阻挠因素，她也不会放任自己这般继续疯下去。感到疲惫时，她就需要停下来歇息。热烈是她渴望的，而平稳亦是她命中注定无法放弃的。然而那个年轻诗人却是生来要一辈子热烈着的人，当他在爱情上受了挫折时，便去了战场上寻求激情，来刺激自己年轻的燃烧着的生命。最后，他倒在了战场上，这却似乎是如愿以偿了，他一生最想成就的两件事——有一个美丽的情妇和上战场，如今都得以圆满，亦可谓死而无憾了。或许，这些对于东方人而言，终究只是一个传奇般的异世界的人物。凌叔华恢复到了往昔，对于她而言，朱利安犹如一场青春的梦幻，是她这一生无法再释放出来的另一个灵魂中的自己。

每个人都希望自己的人生珠圆玉润般最终得以完全，但我们自身诸多矛盾却又无法根除。这些矛盾的性情，左右着我们的行走轨迹。亦如黛玉的多愁善感、冰清玉洁，终难以走出成熟世故的宝钗之路，这些既是天定，便终无法人为。凌叔华也是这般，被性格中的矛盾因子左右，无法摆脱两者在内心的纠结，追求热烈的同时，亦无法丢弃原则与矜持，人生也必定因着这双重的束缚，而终不得完美。无论怎样，我们都无法丢弃身体里的两个灵魂，一个是神，一个是人。人生痛苦至极，也不过如此吧。

4

后人皆知徐志摩与林徽因、陆小曼两个女子道不尽的情事，却极少知晓他与凌叔华曾经的相知之缘。对于徐志摩而言，凌叔华在他生命中的分量，大约是并不少于林陆二人的。

当旧事已成过往，那一段情却仍会被人忆及。作为曾经的文坛好友与知己，徐志摩对于凌叔华是极为赞赏的。他曾将凌叔华喻为“中国的曼殊菲尔”，而于曼殊菲尔此人，徐志摩不惜笔墨地对其进行颂赞。他眼中的曼殊菲尔，像夏夜榆林中的鹃鸟，呕出缕缕的心血制成无双的情曲，即便唱到血枯音嘶，也不忘自己的责任是牺牲自己有限的精力，替自然界多增几分美，给苦闷的人间几分艺术上的安慰。他是如此不能停歇的一个诗人，一直在世间寻找着精神上的知己。

对于徐志摩，凌叔华正是他所发现的一个极佳的精神安慰与交流的知己。彼时凌叔华尚是燕京大学的年轻女学生，徐志摩曾对她说过，他一辈子只是想找一个理想的“通信员”，而最满意最理想的出路是有一个真能体会，真能容忍，而且真能融洽的朋友。自此以后的相当一段时间里，凌叔华担当起徐志摩心灵的“通信员”。

手写的信件对于人心从来都有着神奇的力量，他并不是真要讲哪一件具体的事情，他只是像在对着灵魂中的另一个自己喃喃自语。唯此般无所顾忌的絮语能令人感觉到前所未有的轻松畅快，唯执笔写信之时，他才不会为着人生而孤寂苦恼。然而，须得多么亲近的灵魂、多么自由的呼吸，方能造就这样一个心灵的“通信员”。

信中这个抒情诗人竟如作诗一般，向他心灵的“通信员”自由倾诉。他觉得她的背上应该生有一对翅膀，否则就不能如此听他的唠叨。他愿意对她打开自己的话匣子，不管她是否有兴致听，他对她说话从来都是比对他人说起时更流利，更自然，更顺畅，心里也更自由，不用怕那么多的话语会使她烦心。于徐志摩而言，与凌叔华的絮叨，不论说话或写信，都是纯粹的快乐。因为他知道，凌叔华懂得，她的目力能穿透字面，这样一来，徐志摩就如享受了真的解放一般。“我有着那一点点小机灵就从心坎里一直灌进血脉，从肺管输到指尖，从指尖到笔尖，滴在白纸上就是黑字，顶自然，也顶自由，这真是幸福。”这种如此细腻无可名状的小幸福，竟也能这般畅快地说与另一人，可见这人在徐志摩心目中的分量。

在徐志摩的文字中，凌叔华总是亭亭地站在他面前，如天地间一切灌注了灵性的花木，她用“恬静的谐趣或幽默来湿润‘徐志摩’居处的枯索”，用她的心包容着他无处安放的心绪。

在这段悠长的通信时光中，徐志摩与凌叔华二人早已用笔培养出某种超越一般友情的情愫。这情愫恍惚而不曾言明，与徐志摩后来和陆小曼之间那热烈燃烧着的感情完全不同。它填补了徐志摩彼时的感情空白，令他的心在迷雾之中寻找到某种缥缈的寄托。这是一种不必用力、无须说明的寄托，两个灵魂被悠悠地牵着，没有碰撞的痛感。若徐陆二人的情感是现代的，那么这相知之情便是古典的。它止于这相知之上，而无须落到怎样的实处。

所以在徐志摩与陆小曼正式相恋之后，他与凌叔华的通信虽是停止了，但凌叔华于他而言仍旧是或者更加是一个相知甚深而毫无现实牵绊与烦恼的挚友。他与林、陆二人纠葛不清，用了一生的心力，然而凌叔华始终在那里，令他精神上得一些永久的寄托。“只有L(指凌叔华）是唯一有益的真朋友。”这“唯一”与“真”，都是徐志摩的心声。

直到很久以后，面对世人对于他们情感关系的猜度，凌叔华一再澄清，她对徐志摩向来没有动过感情，原因很简单，彼时她已计划同陈西滢结婚，陆小曼又是她的知己朋友。徐志摩常给她写信，半疯半傻地说笑话也是自娱，从未有不可示人之语。如若被人冤枉真是可气，她自始至终都觉得，徐志摩是一个文友，他也一直只当她是一个宽容并了解他的苦闷的朋友。凌叔华始终如此认为，因而她声明她与徐志摩永久是文学上的朋友。如此诸多辩解，不过真是因为，他们的缘分从来不落于那世俗的感情俗套之中。按当时的情形来说，凌叔华与徐志摩相识时间并不长，两人的情投意合也只发展到文学友谊的阶段，况且，一直公主般矜持的凌叔华是不可能首先在情感上突破这道防线的。而且，不久的将来，徐志摩与陆小曼相识。即使当初两人间真有些暧昧的情分，凌叔华所言的“朋友的同情”，亦只是实话罢了。

因为这不同于旁人的挚友关系，徐志摩方才两度将自己的“八宝箱”交由凌叔华保管。所谓“八宝箱”是一只装着徐志摩日记、文稿的小提箱。1925 年他与陆小曼的事情闹得满城风雨之时，他打算出国避一避风头，而这箱子中却有一些“不宜陆小曼看”的东西。不久徐志摩回国，凌叔华将八宝箱交还徐志摩。而后来这箱子再次寄存于凌叔华处时，其中又添了些东西，包括陆小曼在徐志摩游历欧洲期间为他写的日记，以及徐志摩写给陆小曼的情书等等。八宝箱中的这些日记、文稿记录了徐陆之间的情事，而到后来引发纷争，当凌叔华得知此箱已落入林徽因处时，很是着急，因为内有陆小曼初恋时的日记两本，牵涉是非不少（骂林徽因最多），这正如从前不宜给陆小曼看一样不妥。

如此牵涉复杂的八宝箱，就连胡适此般的老朋友，徐志摩都以为不便交由他保管，而只有在凌叔华那里，他是放心的。而他的这般用心，凌叔华亦是极明白的，所以在徐志摩死后林、陆诸人纷纷争夺此箱时，她依旧记得他的嘱托。当时徐志摩坠机后，由胡适出面要凌叔华把八宝箱交出，胡适借口说要为徐志摩整理出书纪念。

但因想到箱内有陆小曼私人日记两本，也有徐志摩英文日记两本，他说过不要随便给人看，他信任自己，所以才交由自己保管，并且重托过自己为他写“传记”。正是由于这些原因，同时凌叔华也知道，如果她交与胡适，他那边天天有朋友去谈徐志摩的事，这些日记恐将滋事生非了。因为陆小曼日记（两本）内也常记一些是是非非，且对人名也不隐讳。想到这一点，凌叔华回信给胡适说，她只能把八宝箱交给他，要求他送给陆小曼。

然而却正是由于胡适的关系，最不宜看此中日记及信件内容的林徽因却得到了这个箱子，凌叔华由此被牵涉进林、陆二人说不尽道不清的纷争之中。这纷争于凌叔华来说，实非她的本意。在徐志摩生前，她便是与林、陆纠葛无关联的人，然而后来却成了林徽因指责她私藏信件的口实，于她确实是有些冤枉与无奈了。她毕竟逃不过人世间的复杂，却无人体会得到曾经的那份真挚的知音之情。

徐志摩因飞机失事丧生之后，有关这个小箱子的秘密被宣扬了出去。徐志摩一生风流浪漫，对于他的私人日记及与陆小曼的书信，很多人都有着极大的兴趣，想要从中一窥徐志摩的私人感情生活的细节，于是纷纷打起了八宝箱的主意。而事实上，最想得到这个小箱子的人自然还是陆小曼和林徽因。

陆小曼想争取到编辑出版徐志摩日记和书信的资格，为此特地致信胡适，说是徐志摩的全部著作当然不能由她一人编，一个没有经验的人也不敢负此重责，不过徐志摩的信同日记最好还是由她来编辑，包括徐志摩别的遗文等也希望胡适先给她看过再付印，而且他们的日记希望不要随便给人家看。后来陆小曼又修书一封，千叮咛万嘱咐，说是托人去了北京，要胡适千万把日记交予此人，那是她最为可爱的一件东西，离开了已有半年多，实在是天天想它了，请无论抄了没有先带来了再说。陆小曼听说凌叔华等因徐志摩的日记闹得大家无趣，因此很不放心她那一本，还埋怨胡适为何总是食言，不把日记捎给她，让她夜静时也好看看，见字如见人，自己骗骗自己也可。

而林徽因得知八宝箱中的日记，《康桥日记》与《雪池日记》都涉及她曾经与徐志摩的感情，于是亲自登门到史家胡同凌叔华的寓所向凌叔华索取，不料遭凌叔华婉拒，她只好转而求胡适帮忙。胡适本来与林徽因的关系就比陆小曼更亲密，遂以编辑委员会的名义郑重其事地写信给凌叔华，要凌叔华交出八宝箱。凌叔华很勉强地把八宝箱交给胡适差来的信使，但胡适从凌叔华手中接过了这个小箱子，并没有送给陆小曼，而是送给了林徽因。

陆小曼曾不无幽怨地指责胡适，自己几本精彩的日记可惜不在自己处，别人不肯拿出来，她都没办法。凌叔华最后亦发现了这件事，感到很对不起徐志摩。

在得到八宝箱的十八天之后，胡适却又写信给凌叔华，责备她把徐志摩的两册英文日记私藏起来，并指责她的这一做法开了人人私藏徐志摩书信的先例，会影响到全集的编纂工作。

然而，林徽因的儿子梁从诫否认他母亲存有这些日记，梁思成的第二任妻子林洙也表示从未见过这方面的东西。凌叔华也否认自己私藏了八宝箱内的任何东西，晚年时几度致信陈从周为自己洗冤辩白。凌叔华声称，她当年就交出了全部东西，包括陆小曼的两本日记和徐志摩的两本英文日记在内。也正因为这事，本来还算得上是朋友的凌叔华与林徽因却因为八宝箱事件交恶，两人从此再不往来。

想来由八宝箱引发的这一系列不愉快，都不是凌叔华的本意。

与此有关的所有人与事，以及由此产生的恩怨纠葛，归根结底是徐志摩的情爱所致。情感细腻之人，总喜欢絮絮地讲述一些情感碎屑，然而这些感情的碎末多半是不能直言或者讲与旁人听的，就只能独自记录下来，以便后来的时日中自己慢慢思索回味其中的意思。然而谁都没有料到的是，它的真正主人却突然走了。

现如今，与八宝箱有关的人都已作古，这件由一个箱子引发的谜案，也慢慢成为历史长河中又一个再也不可能解开的谜团。

5

异乡游子总免不了思乡情怀，这是因中国人特有的浓重的故土情结所致。走得再远，自己的“根”终究留在那里，丢了根，死后的灵魂将皈依何处？人多半不怕生前的漂泊，只担心死后仍飘零异乡，这往往会使自己看不到希望，没有希望地活着又是最可怕的，所以，他们致力于在有生之年，要尽一切力量找到“根”的所在。对于常人，寻根便是了却这样一桩夙愿，而对于作家兼画家的才女凌叔华而言，寻根更意味着找回当年的灵感，当年的灵感意味着今日的成就，意味着对这一生价值的肯定。“我要找回我对自己的肯定。”自己肯定自己，自己希冀自己，对不可预测的来生也便有了希望吧。

她的文盖过了她的画，所以人们多知道她是作家而不知晓其画家身份。其实，从她的画作和文章来看，应该是先有了画，画风又影响了其文的。空明幽静、意味深远的中国水墨画，点点滴滴地渗入其文中，于是便有了《古韵》，一部具有浓郁自传色彩的小说透着淡雅细腻的笔触，衬托着古典淡雅的水墨画，读来让人心生宁静清凉。这便是真正的“诗中有画，画中有诗”的妙趣所在。

她曾如此感叹：“我多想拥有四季。能回到北京，是多么幸运啊！”故土难离，即使离了也是要寻回去的。她要寻回北京，因为她是从这里开始发轫的，她的一切艺术灵感，如果要寻的话，那粒种子便是在此萌芽的。身处西方异域，如果论各种条件，诸如物质、思想自由乃至文学艺术之成熟度，那里都是无可比拟的。然而，那里究竟没有藏着自己的根。1959 年年底，因着种种原因，凌叔华得以第一次回到祖国大陆，此时她已近中年。离别多年，这方土地的千变万化令她欣喜，也有些感伤。这些曾经未曾预料到的新鲜样，当下呈现于眼前，多的是赏心悦目，少的是怀旧的凭据。过去的老街、胡同，连同人与事，都已悄然蜕变……这样一来，她是不肯轻易离开的。把如许年要走的地方，挂牵的旧人，都要一一访遍。于是乎，她在各地观光，记录当年的风与影；她探访了当年的多位老友，与张奚若、邓以蛰等故交重逢，叙说一别之思念。彼时人们亦惊异地发现，她作文作画的兴致依然不减当年。

1970 年 3 月，与凌叔华相伴四十多年的丈夫陈西滢因病逝于英国。老年丧偶，远在异国，凌叔华愈发感到孤独。她是一个异样的女子，在五四的疾风吹拂下走出了深闺，以新的眼光审视周遭的一切人与事，她没有高扬爱的哲学，也没有沉湎抨击“恶”的激愤，只是以一种别具一格的细腻别致，深入中国传统女性的内心深处，写出了那些遭逢社会变革的传统女性的命运起伏。婉顺的性格，新旧观念的冲突，内心试图调解的挣扎，希求与梦幻的破灭……充盈着浓郁的古典韵律美，也散发着丝丝无奈屈从和扣人心弦的叹息声。亦如《绣枕》中的大小姐，倾尽所有儿女情长的心思与渴慕而绣的靠垫，竟被夫家随意践踏后辗转流落到了一个小丫环手中。传统的羁绊，历史的巨轮已将她们俘获，偶有的努力似乎也只如那声叹息而很快便烟云般散了。

说到底，她还是需要东方神韵做支撑的。

在与巴金、萧乾、冰心等友人的通信中，她对故土的思念可见一斑，信中述说着回国安度晚年的渴求。在愿望还未实现前，无奈岁月飞逝，每次回国，朋友总是一次比一次少了，好比秋风落叶，一回相见一回稀。旧日老友一个个渐渐离她而去，想到昔日与好友亲朋的种种欢愉，不觉内心感伤。人生本来如梦如客，在这冷酷无情的日子里，只能多想想快乐的往事了。

89 岁那年，她终于回来了，因腰伤住院，并在医院度过了 90 岁华诞。她知道自己所剩时日不多，在这最后的时日中，她将找寻这一生的灵魂，然后带着它一同归土。

史家胡同里，依旧是古韵悠悠，90 年前，她降生于此。她一直觉得，就是这胡同，给予她灵气的。胡同里曾孕育过清末中法银行董事长刘福成，名妓赛金花，傅作义，章士钊，史家小学，人民艺术剧院的宿舍……文化艺术气息的氤氲，凌叔华耳濡目染，从小在其中浸泡成长。这离别人世前短暂的“观光”，是一个在中国气息养育中长大的艺术灵魂的“根”的追寻,她的身心在此终于有了安息。有时，我们总以怜悯的眼光审视前人，自以为是地对其施以同情心。其实，每一代人自有其幸福，对有着砖墙、石板路、柿子树，以及清晨舒展腰肢时叫卖豆腐花喊声的胡同的回忆自是不亚于恢弘的宝殿的。在对史家胡同往昔的追忆与流连中，便隐隐升腾起一些艺术的灵光……

能有地方蓄藏自己的回忆，是一件幸福的事情。没过多久，凌叔华便幸福地离去了。亦如她的画淡雅温婉，离去也是这般宁静。

如一株幽兰散尽最后一缕清香，亦如一片树叶离开枝丫飘落于地，自然而宁静。

她的“诗风画情”，亦随她走入另一个世界。回眸身后，亦留下诸多回味。走出高门巨族的深深宅院，追寻神话般的恋爱，也经历婚姻百般折磨的苦楚；与朱利安的狂热恋情，终又回归婚姻的无奈；与徐志摩的知己之交，以及由此而引发的对于“八宝箱”的争夺；与诗画的一生不解之缘，以及对寻根的执着……一个女子经历如此丰富，体味尽世间沧桑，也算是不虚此生了。能在历史尘埃中留下诸般色彩的人，必定是执着之人，执着得忘乎所以，执着得不问世事，执着得呕心沥血。人们常说，天才都是有些痴癫的，其实，这“痴癫”是执着的最高境界。凌叔华一生所做的每一件事，都倾注了深厚的生命情感。所以，她的每一步，都留下了深深的足迹。在最后的岁月中，她还是执着于回归故土，寻找曾经的印记。

秋天的一把扇子

——张幼仪

1

大抵真如宝玉所说，女人都是水做的。水没有形状，可以随着眼前情势而幻化。温柔、顺从，清澈见底，却有着坚不可摧的柔韧性，亦如女子的性格。不论是今日还是旧时，女子的命运多半与她出生的家庭和时代息息相关。纵使有才情万千，终逃不过命运织就的这张网。张幼仪俨然也是这般女子，生长于儒医兼经商的家庭，带着几分与生俱来的冷静与温婉。张家实为民国时一个颇为传奇的家族，张家兄妹十二人后来竟有过半的人成了民国时期的知名人士，张幼仪也不例外，不过这是后话了。

张幼仪早年的家庭，便是这样与政治、时事有着千丝万缕的联系。父亲张祖泽虽仍保留着诸多旧式传统，然而对于子女们的学业却极为开通。二哥东渡扶桑，考入日本早稻田大学修习法律与政治学，并在留学期间结识了梁启超。四哥则在东京庆应大学攻读经济学，为其后来进入金融界打下了基础。在耳濡目染下，张幼仪虽为女子，亦在哥哥们的帮助下走出家门，接受了新式教育。

抑或是造化弄人，这样的家庭并未造就一个叛逆、时尚、孤傲的张幼仪，她依然沿袭着古时女子的品性，这种贤良淑德的性子，算得上是多少富贵家的公子哥儿所梦寐以求的。生于如此家庭，秉承如此性情，后来的婚姻也便成为如此情形，倒不足为奇了。在她就读女子师范学校三年后，尚未结业，四哥张嘉璈就自作主张地为她定下一门亲事，并将她从学校接回家中。彼时张幼仪方才十五岁，虽然，这在旧式婚姻中并不是一个很小的年纪，然而十五岁的韶华，亦如清晨带着微露的花苞，未曾打开，还未知晨露之滋味，便要去接受那露水的滋润。她不知道，也未曾想去探究，婚姻于己而言是何等意味。

旧时婚姻，多半要看门当户对。话说徐家是浙江海宁县的大富商，家中开办有电灯厂、蚕丝厂、布厂、徐裕丰酱园、裕通钱庄等诸多产业，徐父徐申如本人亦是商会会长。因为商业上的关系，徐申如与张嘉璈相识。彼时张嘉璈正在各处物色人选，欲为妹妹挑选乘龙快婿。以张家的家世，妹妹待嫁之人应是门户相当才可。与朋友闲聊之际，听说徐家公子一表人才，诗词文赋样样精通，更是写得一手好文章，真是才情兼具。不多日，张嘉璈遂前往杭州与徐父见面。

如今遥想当年四哥的直率，张幼仪心里该有几分悔意了吧？旧时如此这般，竟因兄长几句言辞，小女子的一生便予以托付。四哥张嘉璈以前也曾与徐家人有过交往，但这次要给妹妹物色夫婿，不同往日，也便多了几分思量。趁着用人去通传徐家老爷之机，张嘉璈在徐府打量一圈。徐府建得精巧别致，大有江南园林的雅风，张嘉璈心生赞叹。这时，徐申如满面笑容地作揖恭迎。两人寒暄几句后，张嘉璈便问道：“请问令郎今年几岁？”徐申如道：“小儿今年18岁，正在天津读书。”张嘉璈笑着说：“那我就开门见山地说了，在下有个二妹，年方十五，正在师范学校读书，在下想，如果徐老先生有意的话，看可不可给二人做媒……”徐父一听，自是喜不自胜，捋了捋胡子道：“既然是张家大小姐，自是知书达理之人，我们徐家可是求之不得呢！”自此，两家便拍了板，张幼仪的一生随着父兄们的喜悦开始了自己酸涩的绵延。没过几日，徐家便来提亲，还送来了丰厚的彩礼。

“四哥替我物色丈夫的方法很普通，我们不必知道徐志摩的身高，或是他家有多少用人，只需要晓得他家的声望，他的教育程度，还有他的性情……要知道的就是这些。”不知道说出这些话的张幼仪，是否心生怨恨?

自己的婚姻就像吊在树上的一颗果实，它被用来供人玩赏，自己却只能远观，而不可伸手去触摸。在徐家父亲还在为儿子能攀上如此亲家欢欣之时，闺阁中的张幼仪也在心神不宁之际莞尔一笑，为着那个未曾谋面的他。每一个闺阁女儿都曾有过如此的梦，只是不知这梦待到醒来之时，会是怎样一番模样。而彼时尚在外地求学的徐志摩即被召回老家，徐志摩心底既有几分怨愤，也是有几分好奇的。爱做梦，自古便是文人们的雅兴，更何况是诗心恋魂般的徐志摩。此时的徐志摩，或可认定这个即将嫁作己妻的女子，应该有着仙一般的飘逸，如此这般，娶了也无怨。

不知是否是因了这名字，徐志摩才有如此的性情。“志摩”二字，带着几分让人无法把握的空灵，好似他本不属于这世间。据说小时候，有一个名叫志恢的和尚替他摸过头，并预言“此人将来必成大器”，其父望子成龙心切，给他改名为“志摩”。在外求学的几年，他修习了多种学科，并对中外文学燃起浓厚的兴趣。生性活泼好动的他，秉性叛逆又自由浪漫。狂热的个性，使他不顾一切地追求自己的理想与自由人生，当然也包括反对包办婚姻。在狂热里面，似乎也有许多盲目，这让徐志摩只顾着一味地反对一切旧式的束缚，而不加甄别。在这不加甄别的狂热中，张幼仪就这么被他的情感之网漏掉了。

两人的婚事像旧时那样，张幼仪与徐志摩在婚前不得相见。自由奔放的徐志摩虽不喜欢这样的安排，但大局已定，也只能顺从了父亲的意思。然而顺从并不意味着心甘情愿，他甚至未见张幼仪一眼，心中便认定了她的恶劣。

命运总是这般爱捉弄人，于她而言，她愿意把这次当成是自己的一生，却不知在别人眼里，她只是为了完成不得已的父命。她穿着一件红白混合的礼服，礼服极华丽，有很多层白色丝裙，最外层的粉红裙上绣了几条龙。她就想着能有一个旧时女子的婚礼吧，戴着头冠，脸上遮着密不透风的盖头。这样中西混合的礼服真是前所未见，而这怪异的事情，只缘于张家人听说新郎官要一个新式的新娘。

她便这样稀里糊涂又充满好奇地成了他的妻子。她始终记得，出嫁前，母亲就叮嘱自己，在夫家一切要听从公婆和丈夫的安排，凡事先称“是”，即使自己认为不对的，也要先顺从公婆的意思。她彼时以为往后的一切都会像当初家人的安排一样，只要好好地遵从，日子就会像寻常女子一样过下去，像古时的每一场婚姻。母亲告诉自己，要尽力做一个端庄贤淑的徐家媳妇。然而她的这种努力并不能像她所想象的那样为她获取安稳平常的生活，她看不到那未来漫长曲折的路。

旧时女子都是裹足的，而自己却生着一双天足。她或许曾为此懊恼过吧，但是嫁给徐志摩，她又有些窃喜，在她心里，似乎这一双天足能够拉近二人的距离。三岁那年，母亲也是使了浑身解数要给她裹足，她的哭闹让母亲彻底放弃了。其实，这也应该感谢她家中的几个男人，他们都是见过世面的开明之人。二哥张君劢劝母亲不要强迫张幼仪裹脚。于是，张幼仪成了张家第一个天足的女人。但是这样的开化徐志摩都没放在眼里，他就认定了她是一个没有才情的“俗人”。“对于我丈夫来说，我两只脚可以说是缠过的，因为他认为我思想守旧，又没有读过什么书。”后来，张幼仪回忆说。

她也始终无法理解，在他心里，自己如何就成了这么一个没见过世面的“乡下人”，他就是这么极不情愿地与自己结了婚。婚礼上，她始终记得，他是狠狠瞪了自己一眼的。婚后没几天，徐志摩便去向父亲请行：“我希望继续回去念书，我不能就这样一辈子，这不是我想要的生活……”听到这样的话，张幼仪的心便凉了。她虽说不上风花雪月，但心里却想着为他尽人妻之本分，可怜他连这样的机会都不曾施舍于她。她怯怯地问徐志摩是不是要出去读书，徐志摩极不耐烦地告诉她自己不愿意和她一起生活。徐志摩的无情，使她的心生疼。本也是在学堂念书的新式女子，如若不是这般阴差阳错，张幼仪应该嫁一个爱惜自己的如意郎君才是。或许，本不是自己太“土”，配不上徐志摩这样空灵的性情，而是，他们结合的方式注定让诗人不屑。

既已成家，总归应该时常回来探望。徐父通过张幼仪二哥张君劢的关系，让徐志摩进入了离家较近的上海浸信会学院。然而，他们还是不了解徐志摩，这如飞鸟一般的人儿，如何肯受如此枯燥的束缚。不久，他就离开了那里，后来成为北京大学的学生。自此，他也开始了远离家乡在外游学的漫长时光。

世事总是如此，贪恋春的芬芳，就无法享受夏的绚烂；品尝着秋的丰硕，就无法领略冬的峻美。这种遗憾，也在这位坚毅的女子身上上演着。个性沉默坚毅，做事认真细致，明事理、识大体，她深得公婆的赞许。或许，就连徐家父母也想弄清楚，为何如此这般贤良的妻子，却要受此不孝之子的冷落。也就是在此时，张幼仪的另一不寻常才能得以练就。她协助徐父一起经营家中所有产业，料理得井井有条，令公公大为赞叹。

她清楚地记得，那是一个令她惊喜的清晨。当她得知一个新的生命就这样出现在自己身体内时，她高兴得甚至忘记了他带给自己的伤痛。她更愿意相信，这是上天因为她所承受的那一切而赐予她的。因着这个新生命的出现，她有了勇气去憧憬未来。她似乎每天都能感觉到一种变化，这变化中有期盼，有满足，有似乎触手可及的喜悦。然而，刚刚开始怒放的那朵心花还没来得及展现美丽的倩影，便被淹没在了水里。儿子出生了，徐父给他起了乳名阿欢。徐志摩却已很久未踏进过家门。

那一天，她将儿子抱到他跟前，温情地望着他，望着儿子。但是徐志摩那不耐烦的眼神和心不在焉吐出的一个字“好”，让她的心再次沉入谷底。原来，这次的回家，不过是他远走异国他乡之前的一个告别。这个有着能幻化出美丽梦幻的诗人，始终是一个漂泊着的人，他无法接受常人的温情，无法去重复生活带给他的千篇一律，那样只会要了他的命。不久，他远赴异国他乡读书。

2

这个娴静端庄又相夫教子的儿媳，深得徐家二老的喜欢，只是无奈儿子这般。在徐家父母的支持下，张幼仪终于迈出了重要的一步——向自己的丈夫靠近，尽管这种靠近最后也适得其反。这天，徐母把她叫到跟前:“幼仪啊，孩子也大点了，我跟你父亲可以照顾，不如你也去英国，与徐志摩相聚，彼此有个照应，我们老两口也放心了！”张幼仪明白二老的心意,夫妻终日不能相见,远隔千山万水，终究算不得夫妻。张幼仪还是要尽做妻子的本分的，抑或说，女儿家终是比男儿更心存幻想吧。

1920年，张幼仪远渡重洋，去与那人相聚。时隔多年，她的心开始复苏，或者是开始淡忘曾经被伤害的痛楚吧。但是，这次的出行，许多事又再次地刺伤了她。那天，她要在法国的港口下船换乘飞机，徐志摩是要来接她的。临近港口时，她倚在船舷上，望着码头熙熙攘攘的人群，她一眼就认出了他。因为岸上的人都在翘首企盼要迎接的人，只有他显得那么不耐烦，来回走动。他是那堆接船的人当中唯一露出不想到那儿来的表情的人。张幼仪的心凉了一大截。她拿起行李，低着头缓缓走下去，她知道他看见了自己，自己却无法抬头去直视他，她怕。他并没有去接行李，就这样下了船，张幼仪先开了口问怎么去乘机，徐志摩这才想起她手里的行李，接了过来，不容置疑地说了句“跟我走就行！”，于是他们前去转乘飞机。

身处异国他乡，张幼仪开始觉得自己像一片浮萍，不但身子在飘，心更在飘。在剑桥大学附近一个叫沙士顿的地方，他们安顿了下来。如果一直这样过下去，她想必也会很满足的。但徐志摩就是那云中飞翔的仙鹤，哪里安于过这样的凡俗生活。就在与张幼仪同床共枕的同时，他的生命中出现了另一位女子——林徽因，一个如云如烟、如梦如幻的人间四月天般的女子。

林徽因的才情和美貌，于他，就像一块磁石。当这位诗人第一次看见才女时，就忘乎所以了。他称她为“神仙一般”。他每次看见她，似乎都忘记了交谈，而只是看着她。他便常常找各种借口到林家，看望林徽因。

一个是潇洒飘逸的诗人，一个是美貌多才的少女，两人从初识慢慢发展成近乎恋情。浪漫的徐志摩总能想出招数来哄林徽因开心。他们一起泛舟于夜晚的康河，听夏夜的蝉鸣；他骑自行车带着林徽因在伦敦郊区兜风……徐志摩觉得，林徽因就是那个他在茫茫人海中要寻找的“唯一之灵魂伴侣”。回到家看到这个默默又传统的妻子，他就更恨恨不平了。他不止一次地对着她描述林徽因的好，她每次总是默默地淡然一笑。直到有一天，他竟把那个他口中神仙般的女子领到了家里来。他一手揽着她的腰，一手提着东西，走了进来。如此这般亲昵，竟让在做家务的她有些不知所措。当林徽因踏进来时，她第一眼看到的竟是她裹着的小脚。即使再温润的女人，也会有些许虚荣心，想到自己的天足，张幼仪心里也起了一丝得意，原来丈夫口中那个西洋式的东方美女，竟也是小脚。

不久，她竟然发现自己又怀孕了。丈夫的无情让她无地自容，更刺穿了她的心。她爱自己的丈夫，更何况她从小受的教育告诉她，女子要三从四德，出嫁从夫，丈夫就是自己的天。这时的徐志摩，满心只想着与林徽因能够好合，哪里还能容得下生个孩子。此时的张幼仪，却是进退两难。爱着的那个人心里没有自己，这个孩子该怎么办？古来才子自是多情，如徐志摩这般却难以找出第二人。可这个人偏偏让她伤透了心。

不是自己不想逃离这种处境，只是，人都说女子出嫁便要从夫，被休了今生将如何有脸面存于世？落花有意，流水无情，这可如何是好？那一天，丈夫竟不辞而别，没给怀着他骨肉的自己留下一点念想。异国他乡，被丈夫抛弃，她感觉生活似乎沉入了谷底，她已没有勇气去争取，去反抗。“这样的人生境遇还不如了断了自己痛快！”她痛苦地在心里对自己说。可她毕竟是很传统的女子，“身体发肤，受之父母，我这样轻易了断岂不是对父母的不孝？”她岂能容忍自己背上不孝的骂名。再坚强的女子也有软弱的时候，再软弱的女子，有时候也会如蒲苇般坚韧。她拖着沉重的身子只身从英国来到了巴黎去寻二哥，后又跟随二哥辗转到了德国。在德国，她的小儿子出生了，远在中国的公婆给他取名“彼得”。小儿子的出生抚慰了她那颗沉痛的心，给了她慰藉。

一个暖暖的午后，她正在与襁褓中的儿子呓语，他闯了进来。如受惊吓的小鹿一般，她很震惊，也很欣喜。这是他失踪后第一次露面。他掏出一份离婚协议书，摆在了她面前。这样被忽略与漠视，她已经习惯了。这次，她仍然没有反抗，默默地在离婚协议上签了字。这是中国历史上依据《民法》的第一桩西式文明离婚案，曾登遍了国内的大报小报。一切都远去了，再也不复返了。人都无法预料未来，她也从未料到，自己的婚姻竟如此凄凉。苦苦紧追丈夫的脚步，却最终也没能挽留住丈夫的心。

这些不由得让我们想起了另一位民国女子——朱安，鲁迅的原配夫人。她同样是一个被遗弃的旧式女子，鲁迅一生都未踏进过朱安的房门。鲁迅是决绝的，没有徐志摩的拖泥带水。然而通过他们背后的这两个女人的遭遇，是很难衡量出他俩到底谁做得更对，他们身后的两个女人都是那个新旧碰撞时代的牺牲品。

聪明的女人会幸福，就像林徽因，亦如后来的张幼仪。

那只渴望自由的小鸟，终于可以去寻觅自己的梦中恋人了。不料此时，林徽因已经随父回国。于是他带着满心的花香，风尘仆仆地回了国，扑向了林徽因，却惊闻她与梁思成订了婚。这无疑是一个晴天霹雳，毫无征兆地击碎了诗人的心。两个人的情感纠葛，是是非非终难说清，真真切切的却是那个如人间四月天一般的女子嫁人了，新郎不是徐志摩。国内的徐父闻听此事，对他极为愤怒，一气之下断绝了他的一切开支，逼得他只得自寻生计。这样一来，徐家反而更念张幼仪的好了。真是阴差阳错啊，她本以为觅得贤良夫婿，难以恭维的是公婆，到头来却恰恰相反。

经历了这一切之后，张幼仪体内的坚忍开始复苏。她曾经的委曲求全，是本性使然，何况，她还是深爱他的。但现在，她也开始改变了，或许内心还是期望向着徐志摩所喜欢的方向靠拢吧。虽然离婚了，她仍活在他的影子中。她开始自学德文，进入裴斯塔洛齐学院，专攻幼儿教育。经历的一切，仔细想来，似乎是一种重生。哀莫大于心死，她的心曾经死去过；今又复生，她一夜之间长大。有时候，生命真是一种神奇的东西，当你觉得走投无路、痛不欲生时，突然会生出许多鲜亮的嫩芽，让你看到一丝希望，她的心开始萌生坚强的意志。经历了这个严冬，她变得更加坚强了。她没有被严冬打倒，她熬过了，又重新绽放生命的精彩。

3

女子坚守传统道德，似乎是天经地义，她也这么认为。张家是诗书礼仪之家，传统道德观念根深蒂固，这些烙印无形中都塑造着一个完美的闺阁女儿，以至于到晚年，她仍然教育出生在美国的侄孙女：“中国家庭之间的关系很重要……你来跟我说晚安的时候，偶尔会在我允许你离开之前先掉头走掉，这样子很糟糕。”这种恪守也左右着她的婚恋，使其在任何时候都不为眼前利益所动，坚守传统的道德观念。

在这漂泊不定的时光中，在这没有徐志摩的日子中，不是没有向她示好的。她是那般温婉娴雅，应该算是传统男子的梦中情人了。只是，她没有逾越那一步。那一步，她真的无法跨出去。柏林的天空，对她来说似乎总是灰蒙蒙的，孤儿寡母旅居异国他乡，她要边学习，边照顾孩子，生活的不易可想而知。在那样的深夜，她觉得真是缺少了什么，缺少在深夜儿子生病时一个可以给她依靠的肩膀。此时，一个男人闯进了她的生活，他就是罗家伦。

一战后的德国成了众多学子求学的理想之地。他们或是冲着德国那么多的知名学府，那么浓厚的学术氛围吧，又或是德国马克贬值，能够以较少的投入来完成学业。蔡元培、赵元任、俞大维、陈寅恪、金岳霖，一个个使后来的中国文化界产生震荡的文人学者都来了。这一场留学潮，就给孤苦中的她送来了一个人。

他就这样闯进了张幼仪的生活中，像预先安排好的一样，上天赐给了她一个完美的男人。他与他，完全是两种人。他没有那空灵如雀鸟般的诗意，也没有那份令女子怦然心动的浪漫，甜言蜜语从来都不是他擅长的。但他踏实，踏实得如一汪溪水，永远不温不火，也不用担心他会有一天干涸，但这并不妨碍他的成功。他是中国近代著名的教育家和思想家，曾是蔡元培的学生，五四新文化运动的先锋之一。这样的性情，与张幼仪是极其相配的。其实，二人是早就相识的。徐志摩曾与罗家伦等一大帮人经常在一起聚会，所以他也认识张幼仪。那时圈子中人虽知两人感情早已不睦，但是毕竟还是夫妻。张幼仪离婚后，他觉得自己可以完全去呵护她了。对于张幼仪生活窘迫的境况，他是在心里感到难过的。为此，他还厚着脸皮硬是去跟别人借钱。一天晚上，杨步伟夫妇正在收拾行李，准备第二天离开柏林，这时罗家伦闯了进来。他们以为他是来给自己送行的，很是热情，赶忙给他让座。聊了一会儿，罗家伦突然开口问他们身上带的钱多不多。杨步伟夫妇还以为他关心自己回去的路费不够，就说回去是不成问题的。他就向两人借钱。杨步伟夫妇一听有点火，推说这次带的钱不充足，等回国再给他寄来。他们想就这样把罗家伦搪塞过去。谁知他竟放下脸面，软磨硬泡就是不走，直至半夜，杨步伟夫妇无奈，只得借给了他四十元钱。拿着这些钱，他竟是要给她。他就是如此，没有悦耳动听的甜言蜜语，只有这么厚重又实用的关心。

此后的日子里，他常常光顾她的住处，陪着她说说话，陪孩子玩耍，但更多的时候，都是默默地坐着。眼前的这个男人，有凡身肉体，触手可及，不似徐志摩那般缥缈。在张幼仪 23 年的生命中，除了至亲之外，还没有一个异性与她坐得如此之近。

“柏林所有的中国人当中，有个人待我特别好，他叫罗家伦，有一双好大的手，手上面毛茸茸的像只熊。”张幼仪在她的回忆录中这样写道。每次来，他都会给彼得买点小礼物、小零食、小玩具之类。一来二往，这个朴实憨厚的叔叔，赢得了儿子彼得的充分信赖。在人生最孤寂黯淡的岁月中，能有一个人给过你依靠和温暖，这种感觉是一生都难以忘却的。如若张幼仪是寻常女子，两人的感情便会这般顺理成章下去，没有轰轰烈烈，只有细水长流，细水长流来得更温暖幸福。然而张幼仪不同于一般女子，她并非那般注重感觉，与一般的冲动女子相比，她的性情让她更愿意在温暖的现实中坚持，坚持一些旧时女子的情操。所以，她不会跟着感觉走的，不会为了感情不顾年幼的儿子，忽略离过婚的处境。那时，张幼仪的四哥写信告诉她，为了留住张家的颜面，在未来5年里，她都不能让别人看见她和某个男人同进同出，要不别人会以为徐志摩和她离婚是因为她不守妇道。四哥的家训她俨然毫无条件地遵从，所以，在她的心里，仍然只有那个伤她最深的男人，他才是她的丈夫。尽管，他早已弃了她而远去。

他对这个清秀婉约、坚毅勇敢的女子是如此喜欢，喜欢中又有几分怜悯。男人对女人的疼惜是从怜悯开始的，由怜悯而起，会终于爱。终于有一天，他们坐在一起喝茶，孩子在地上玩耍时，口拙的他终于鼓足了勇气，问张幼仪打不打算再婚。面对这一突如其来的问题，她有些发蒙了，不知道该如何答。她问了一下自己的心，对于眼前这个温和实在的男子，她也是动心的。命运啊命运，你竟如此这般让人猜不透，你为何永远都逆着人内心的意思去安排。倘若当年，在她繁花正茂的年纪，出现的那个人不是徐志摩，而是眼前这个他，她的婚姻也不至于如此凄凉，她相信他们会相依相偎、终老一生的。假设终究不是事实，她压制着内心的混乱，只把他的求爱当成是对自己的怜悯，然后低低地说自己没有这个打算。这拒绝让他始料未及，他这般实在的人也有他的缺点，那就是永远看重现实所显现出来的东西，他不会浪漫，因而也不会假想。他总认为，一个旧式女子在遭遗弃后，默许自己进入她的生活，必然是对这个男子全盘认可的。这次拒绝狠狠地刺伤了他那颗实在的心，还有自尊。张幼仪实在没有料到会如此，虽然她也不会后悔。但是，这个男人，这个曾给予了她默默温情的男人，竟真的在她的生活里消失了，消失得如此彻底。原来，实在的人对待感情，竟是这般不拖泥带水。

或许，从张幼仪嫁给徐志摩的那一刻起，她便感觉到自己的人生就如浇筑的窗子一般，再也不会有别的变化，更何况，她现在的境遇还没好到让自己可以自由地去飞翔。

后来有人证实，罗家伦在国内时也是有钟情之人的。在五四时期那个充满激情的时代里，在上海，他与一位叫张维桢的女子一见钟情。后来他回了北京，两人曾鸿雁传书。再后来他又去了美国留学，两人仍保持联系，他还不时地写信给她鼓励。相隔万里，书信总有些不便，两人之间产生了一些误会，联系一度中断。后来他又辗转去了欧洲，张维桢也入了沪江大学。再后来，在他的努力下，两人冰释前嫌，之后又是多次的阴差阳错的分别。直到 1927 年，两人终于结为伉俪。

张幼仪与罗家伦的这段往事，大约就发生在两人发生误会的那段空档期。不知道张幼仪知道了这点会不会遗憾，她一生中这唯一的一次爱情，夹杂的却是失意中的惺惺相惜。于此，我们也应该庆幸，那个人也许并不是她真正的心灵归宿吧。

4

古往今来，女子一生的成败总掌控在男人手里。张幼仪也在岁月中隐忍，在伤害里成长，在离别时蜕变。在德国的几载，张幼仪脱胎换骨，所以，她常把自己的一生划分为“德国前”和“德国后”两个时期。这期间徐家父母依旧对她关爱有加，常常催促她回国，还告诉张幼仪就算她不是他们的儿媳妇了，也还是他们的女儿。老人家是如此喜爱这个儿媳。有时我们真要怀疑，老天对谁都是如此公平，是不是原本该徐志摩给她的爱，都让徐家父母的爱代替了呢？她迟迟不想回去，或许是她不愿面对那种处境，不想回去背负“弃妇”这个在当时依旧可以让女子无法抬头生活的字眼。况且，她还想着能多学点东西，一切都没了，总要储存点东西留给自己吧。

此时，她还不知，或许她也不想知道，徐志摩又开始了新的恋情。这个风筝般的人儿，他的感情总是无法空闲下来歇一歇。人的命运总是注定的吧，人总是无法抗拒依从自己性情所做的抉择。他的新恋人是一个火热如玫瑰般的女子，上海有名的交际花、名媛。这些对徐志摩本身来说就是一种不可遏制的吸引力，他自己都无法掌控，以至于陆小曼会离婚嫁与他。这样一个女子，自是不得徐家父母欢心。徐志摩要结婚了，徐家父母并不同意，于是他们找借口说，必须儿媳张幼仪亲自回来跟他们说明，不然他们断不会相信两人早已离婚的事情。借着这个理由，他们终于可以把张幼仪接回来了。

于是，1926年夏，去国几载后，她终于回来了。不料，回来之时正赶上两人的婚事。虽然，自己的心已平静下来，已没有了几年前的无助与怯弱，但是，她终究无法直面他们的婚礼，那样赤裸裸的场面，会是一根刺，血淋淋地刺向她。

徐家二老本是想拉近二人关系的，不料弄巧成拙，却让儿媳受了如此委屈。他们自觉有愧，总是想方设法去弥补。他们给她买了幢房子，还规定他们的财产中也要给张幼仪留一份。而与之相反的是，那个直率、爱玩、爱撒娇的儿媳陆小曼，终不受老人待见。徐陆两人就这样在不被祝福的声音中走进了婚姻殿堂。

回国也是她新生的开始。此时的张幼仪还不知道，她的人生将揭开新的一页。其实，上天对我们任何一个人都还是公平的，它在剥夺了一些东西的时候，总会给予另一些东西作为补偿。张幼仪先是在东吴大学教了一阵子德语。后来，她又受任中国银行副总裁的四哥的邀请，出任上海女子商业储蓄银行副总裁，同时兼任云裳时装公司总经理，打理公司业务。

银行里的职员，许多都是女性。女子的耐心、细致、小心，让这一行业成了女人的天地。她们做事心思细腻，不易出错。在办理业务时不但能吸引顾客，还能有效避免事端。女子银行的开办，也正是瞄准了当时女性多为家庭主妇、掌管家庭开支这一商机。上海女子商业储蓄银行，就是由一群活跃于商业、银行界和知识界的上层知识女性创办的。开办之初，遇到了极大困难，并不怎么盈利，张幼仪就在此时接手。

自此，她在商业上的能力开始显现。曾经，她的质朴和缺乏浪漫总是被徐志摩嘲笑为乡下人，没想到，这种“乡下人”的秉性在商场上竟是如此受用。她踏实，不冲动，有节制，做事井井有条，再加上在过去几年所受的教育和形成的严谨作风，让她在商场上真是如鱼得水。每天上午 9 点，她准时到银行办公室办公；下午 5 点，请了个老师补习国文；晚上6点再到云裳时装公司打理财务。她每天除接电话外很少说话，总是专心看文件，办事严谨认真。银行上下都对这位副总裁钦佩有加。

自此，她的人生开始完全由她自己去谱写。

有一件事足以证明她有着许多人不曾有的品性和操守。1937年，日军入侵上海后，时局开始动荡，大批顾客担心银行存活便来银行提钱，银行现金严重短缺。张幼仪心急如焚。如果想不到办法，银行就要关门，这不但意味着大家的努力付之东流，也会让自己感觉很挫败。于是她想出了一个办法：她把银行的产权抵押给一家大银行预支了4000元。不幸的是，正巧有个顾客来要提款4000元。这仅有的一笔款一旦被提走，银行必定面临倒闭。怎么办呢？银行坚决不能倒。于是她请云裳时装公司的经理帮她担保写了一张契约，约定六个月后将4000元连同利息偿还给该顾客。就这样，在之后的半年中，她一直将这份契约随身携带。“万一我有个三长两短，我希望发现我的人知道，我对这位顾客负有责任。”就是这样一位女子，就是这样一种性情，她赢得了许多人的赞许，银行开始扭亏为盈，她也开始成为上海银行界的新星。

有时说来也奇怪，她那么质朴，不论是内心还是外表，都是一个传统的女子。但就是这样一个传统得有些守旧的女子，对服装，对时尚，却有着常人没有的敏感。她以超前的审美眼光，将欧美服装流行样式引入到“云裳”，并请服装界大腕对其进行创新开发，研制出中国人喜爱的新样式。“云裳”剪裁缝制考究，用料货真价实，很快受到大家闺秀、社交名媛的青睐，成为上海滩一流的时装店。不知道，当时的徐志摩看到上海滩上流行着她的公司的服装，会不会惊诧？这样的时尚，竟能出自那个曾经被自己鄙夷的她。

原来，她的那些不懂风情和土气，竟是为了今天事业的成就而预备的。她投资股市赚了钱，徐家还把工厂交给她打理，此时的她兼银行家、企业家于一身，成了上海滩的公众人物。

与她的风生水起相比，徐志摩与陆小曼过得似乎有些窘迫。徐父拒绝给两人钱，陆小曼又花钱如流水，徐志摩不得不四处奔波赚钱。倒是张幼仪不计前嫌，经常接济他。当徐志摩再见到她时，应该是有些仰视的感觉了。她成熟果断，俨然成了一个具有生活智慧的女子，这虽然与他所追求的相差甚远，却也有一种耳目一新的感觉。

当他坠机身亡的噩耗传来时，她顷刻间呆住了，她怎么都不相信这是真的。没有缘分，却也曾夫妻一场，更何况，她的生命里再也没接受过其他男人。他就这么走了？无征兆，无告别，突然就这么一个人走了。她为他操持完了葬礼。他的走，也带走了她全部的爱。此后的岁月中，她一心抚育儿子成人，孝敬公婆如父母，管理着产业，默默地背负着本该一个男人应该担当的一切。她心里仍惦念着那个人。她把他的画摆放在自己的房间，将关于他的消息压在写字台玻璃板下。她把他放在心里，亦如当年。没有哪一个女人能做到这些，为一个离弃又伤害过自己的人默默付出。从家庭到感情，从始到终，是的，鲜有一个女人能做到，但是她做到了。她记得当年徐志摩与自己离婚娶了陆小曼之后，她并不是十分痛恨陆小曼，而倒是有些责怪林徽因，因为“她欺骗了志摩”。她是一个神一般的女子，如果没有神的秉性，何以能做到这些？

从别人的配角到自己生活的主角，这原本是一出悲剧，她却用自己的隐忍和坚毅硬是将它唱成了一曲凯歌。一个精明、干练、勇敢而没有诗意的女子，虽没有赢得诗人的爱情，但是她赢得了一个幸福人生，这人生，是她自己争取到的。她应该是成功的，虽失去了爱情，却名利双收，过着宁静而安定的生活，相比之下，陆小曼似乎要不幸得多了。这是一个没有爱情的幸福人生。

当红颜遇上乱世，也不一定全是悲剧，就看你有没有扭转乾坤的才华与勇气。

5

自从与徐志摩离婚后，她一直守了三十多年，直到遇见了苏纪之。上世纪 50 年代，在东京的一家大酒店，她再次披上了婚纱。彼时这对新人都已年过半百，他们仍是优雅端庄，谁也看不出他们曾经历经的无尽的人情冷暖、世事曲折。

那一年，正值新中国成立前夕，她迁居香港，住进蓝塘道一所自己购置的楼房里。彼时她的儿子阿欢早已在美国成家立业，唯有自己孤身一人在这异乡生活，冷清无比。这日，曾留学日本的中医苏纪之正四处寻觅住处，经好友余英杰引荐，便租下了她楼下的房子，他们成了邻居。

苏纪之小她 3 岁，丧妻多年也没有再娶，带着几个孩子生活在这里。熟识之后苏纪之经常带着孩子到她屋内玩耍，她本就是个极爱孩子的人。此时，她的身旁被这样一群活泼又懂事的孩子包围着，她开始感觉到一些生活的温暖，那女人生来就有的母爱之心亦渐渐被唤醒，生活似乎渐渐有了些乐趣。而当苏纪之得知她过去的坎坷经历与现今的孤寂生活之后，亦不免与之产生同病相怜之感。

接触渐多，性情平和、待人亲切的苏纪之遂慢慢走入了她的心中。在她漫长的前半生中，从未得到过爱情的真正抚慰，未感受过一点点的温暖。她辛苦地支撑了如许年，早已是心如槁木了。而苏纪之和孩子们的到来却意外地为她带来了生命的新源泉，这是她从来不曾想到的。她到这样的年纪，却是平生第一回真正陶醉于爱情的幸福与温暖。冥冥中，徐志摩那单纯热烈的人生观感召着她——为了爱，一切都是值得的。

关于再嫁，她曾写信征求兄长的意见。他们曾经对妹妹守节的行为表示赞许，而面对妹妹的选择与幸福，他们的态度却极冷淡，这到底令她有些伤心。而唯一值得安慰的是，她亦写信给远在美国的儿子，唯有儿子阿欢真正理解母亲，真心希望她得到自己应有的幸福。他回信道："去日苦多，来日苦少。综母生平，殊少欢愉。母职已尽，母心宜慰，谁慰母氏？谁伴母氏？母如得人，儿请父事。"母亲独自抚养多年，含辛茹苦，希望母亲能够再嫁，找到温暖，他一定会待之如亲生父亲。儿子的这般理解与支持是她没有想到的，但是她很欣慰，也更加坚定了信心。

就这样，她从此真正过上了一种温暖幸福的生活。她曾经为了那个漂泊无定的诗人付出了多少心血，然而相比之下，苏纪之却真正是适合她的人。唯有他能真正体会与懂得她这一生的艰辛，以及她的美好之处，而这是从前徐志摩从不愿正眼相看的。辛苦了一辈子，委屈了一辈子，她最终却是被这样一个意外相逢的人拯救了。

1967 年，张幼仪 67 岁，在她的要求下，苏纪之陪她游历了曾经的过往之地。剑桥大学边的康桥、柏林故地……当她站在曾经与徐志摩居住的小屋旁边时，禁不住热泪盈眶。她不敢相信，她还有那么一段心酸而执着的往事，她曾那么年轻过。人生无常啊，到头来，曾经的心酸过往都如云烟般散去，还有什么是不能忘却的？有时，我们如此怀念一些地方，一些人，或许应该是对自己以往经历的一些祭奠吧。

多年后苏纪之去世，她搬到美国与儿子及家人团聚。在她生命的最后这一段时光里，她的生活过得平凡而安详，像每一个寻常的妇人，在琐碎的家事生活中体会到了生命难得的安稳与美好。

她的风流和糟糠

——赵一荻

1

赵一荻于 1912 年出生于香港，那天，东方海天交接处出现了一道瑰丽的彩霞，望着织锦般绚丽的景色，赵庆华不由为之一动，遂给刚出生的女儿取名“绮霞”。赵庆生历任各种要职，一生为官清廉耿介。其膝下有六男四女，绮霞在姐妹中排行老四，人称“赵四小姐”。后父亲到天津任职，小绮霞就随父亲到了天津，就读于天津中西女子学校。后来，她有了个英文名字，叫“Edith”，音译为“一荻”，所以，她还有一个名字——赵一荻。

绮霞，瑰丽多姿的绚烂云霞是那般鲜艳诱人。如果人如其名的话，她的一生又该如何?

她天生丽质，聪明伶俐，才艺颇多，人缘极好，很得老师跟同学的喜爱。时光一天天流逝，赵四出落成了一个清丽纯洁的少女。优雅的气质和风度，还让她登上了当年天津《北洋画报》的封面。

如果没有张少帅的出现，赵四小姐或许会安然成长，在父母之命下嫁一个门当户对的有为青年，稳妥地度过平生。但是世事就是这般宿命，张少帅出现在了她的生命中。赵四为世人所知，但也为此付出了终生。

作为租界的港口城市天津，俱乐部、网球场、跑马场一应俱全。在天津赫赫有名的蔡公馆，经常举办舞会酒场，是上流社会交际的必去之地。生性风流倜傥的张少帅是那里的常客。十五六岁的花样年华，赵四出落得清新脱俗。自小生在官宦之家，耳濡目染地学会了跳舞交际的娱乐事。经常听哥哥姐姐描述蔡公馆的奇闻趣事、俊男靓女，赵四对那里早已神往了。但因还未成年，再加上家规管教甚严，一直未能如愿。就在一个春天的晚上，她看到姐姐们兴奋地梳洗打扮，想必又是要去蔡公馆跳舞了。大家还谈论着今晚将有一个神秘人物光临，女孩子们能与其跳舞娱乐，将是一件梦寐以求的荣幸事。趁姐姐们将走之时，赵四开始苦苦哀求，在软磨硬泡之下，姐姐们看时间已不早，耽误下去怕是要迟到，于是才勉强答应带她同去。

蔡公馆的喧嚣和浓妆艳抹，赵四有些不适应，于是躲在大厅的一角默默地品茶，观看这一切。与这里的娇媚相映衬，赵四的清纯脱俗如莲花般出淤泥而不染，使公馆一角散发着别样的魅力。其间也有几个才俊投来倾慕的目光，邀其共舞，都被赵四婉拒。

这时，舞池中如投下了一枚石子，激起了波澜。一群副官、侍卫簇拥着一位俊朗青年走了进来，他浑身上下散发着耀眼的光芒。莫非此人就是姐姐们口中的神秘人物——张学良？对于他的声名，她早有耳闻。这个年轻有为、颇富神秘色彩的少帅，他在战场上挥斥方遒、金戈铁马的英雄形象，似乎是每一个少女的梦。赵四也曾被这些传奇深深地吸引过，今日得见心目中的大英雄，心中自然有些沸腾。在众人的簇拥下，他带着那成熟又儒雅的微笑与大家交谈着。他的目光轻松而自然地扫视了一下整个大厅，当他的目光在赵四身上扫过时，赵四也正一川秋水地望着他，那一刻，彼此都愣了一下。张学良移开目光，继续与人交谈，赵四的心却跳得更厉害了。鬼使神差般，张学良走到了赵四身边伸出手，微微一笑，做了个邀请的动作，赵四茫然而兴奋地起身，不由自主地随他进了舞池。她，就是那个沉睡已久的白雪公主，终于等到了她的白马王子来亲吻她的那一刻。舞步曼妙温柔，他们的心也都被彼此融化了。两个未曾谋面的人，期待着一个梦中人走进自己的视野，而他们终究相遇了。一曲未了，张学良因公务匆匆离开，而正是这一面之缘，开启了两人的漫漫情雨路。

只是因为在人群中多看了你一眼，便再也没能忘掉你容颜，梦想着偶然能有一天再相见，从此我开始孤单地思念……总以为，这一次蜻蜓点水似的偶遇就这么过去了，彼此不复相见，但是上天却赐给了他们一份情缘，让他们纠缠了一生。

随后的时日中，他们多次找各种理由相见。或在西山碧云寺旁边的香山饭店，相约打高尔夫球；有时，他们也相携出现在天津大大小小的娱乐场所，俨然成了一对神仙眷侣。然而，纸终究是包不住火的，私底下的恋情终有暴露的一刻，只是，他们都希望这一刻来得迟些。他们贪恋在一起的时光，好似前面的人生都是为彼此在一起的时光而准备的。

这日赵四正在房间习画，突然有人大喊自己的名字，于是她跑出去看个究竟。原来，两人的恋情被父亲发现了，他正暴跳如雷，在大厅对着众人大骂。赵四知道父亲的脾气，此时去只是自讨没趣，只会让父亲的怨气更大，于是只得退回屋里。赵庆华是一个极为看重面子之人，虽说张学良也是一代名将，配自己的女儿也是绰绰有余，只是将女儿嫁与一个有妇之夫，那是断然不可的。他在天津也是有身份之人，怎可容忍女儿做出此等丧门辱名之事。赵庆华想用一种最古老的方式阻止女儿的恋情，就是把她囚禁在房间，不许她迈出大门半步。他还马不停蹄地给女儿物色了一桩婚事，想让赵四断了念想。

两人无法见面，就鸿雁传书，难分难舍。皇姑屯事件后，张作霖被炸身亡，悲痛中张学良秘密回沈阳为父治丧，并写信约赵四一同前往。收到张学良的信函，赵四内心纠结。父亲看管严厉，不准她踏出赵家半步，如何得以脱身？这时，痛失父亲的打击加上时局政事的操劳，张学良病倒了。正在焦急盘算的赵四闻之更是心急如焚，恨不得插上翅膀飞到东北与少帅相见。

无奈之下，赵四求助平日里对自己最好的六哥帮忙。私奔，她也不是没想过，只是事到临头真要迈出这一步，她还是有些犹豫。她要争得最信赖的人的肯定。向来视她若珍宝的六哥，不愿看她这般痛苦，便决定帮助她。六哥悄悄地提前帮她买好第二天一早去沈阳的火车票，然后她在夜半时分离家逃跑。这一晚赵府上下跟往常一样，但赵四的心一直忐忑不安，生怕被父亲发现而前功尽弃。正在担心之际，不知不觉已经到了半夜。一看时间，赵四又紧张起来，生怕六哥遇到什么不测。就在这时，她忽闻窗外六哥的呼唤声，就这样，她拿起早就备好的行囊，跟着六哥奔向了火车站。这么轻而易举的出逃，她有些后怕。她无法想象第二日父亲发现她的举动后，会是怎样一番动怒。她不知道将来的路如何，但是却有一股力量吸引着她必须那么做。其实，人的一生，在年少时是最为清澈的，不会有太多牵挂与顾忌，总是遵循着心中所想而行。愈到后来，愈是容易被世事纠缠，那份无畏也将不再。

她不曾料到，这一走竟成了诀别，耿介的赵庆生至死都没能原谅这个他最疼爱的女儿。

第二天，赵四私奔的消息不胫而走，传遍了整个天津。赵庆华一生颇注重个人名声，自己的女儿居然与有妇之夫私奔，这在赵庆华眼里实乃伤风败俗之事。一怒之下，他在报上刊登启事，宣称："四女绮霞，近日为自由平等所惑，竟自私奔，不知去向。查照家祠规条……应行削除其名。"赵庆华随即声言自身惭愧，从此辞别仕途，退隐而居。

赵四本以为出逃只是为了去沈阳看看张少帅，还是要回去的，没想到父亲竟这样决绝，断了她的后路，倒成真的私奔了。

2

赵四闯入了张学良与于凤至的生活。她为了自己父女决裂，有家难回，张学良有情有义，这样的牺牲让他对赵四的爱更加坚定。即便在一开始原配夫人于凤至无论如何也接受不了的情况下，他也还是说：天津她是回不去了，以后她只有一个家，就是沈阳！

自古叛离父家、追随心上之人的女子大有人在。古时多半也是两情相悦，碍于父母之命双双出逃，或者万般无奈竟以死相逼，双双殉情的也有。但是如赵四这般，与父家彻底决裂，但又无法光明正大地与心上人结合的女子倒是不多。

就这样，赵四在少帅府旁边北陵住了下来。经历了诸般波折，终于走到一起，这突然又让赵四感觉那么不真实。她不敢相信这竟然是真的。在青春年少时，每个女孩都憧憬着梦中的白马王子。

随着岁月的流逝，这个粉色的梦或者淡淡隐去，或者被现实搁置，能够成真的寥寥无几，然而赵四做到了。她在多梦的时节，就已美梦成真。每天都能厮守在一起，不用忍受相思之苦，也不用管旁人的闲言碎语，她只需静静地与他交谈，与他同床共枕而眠。这样的日子，她愿像流水一般永远流下去。岁月静好，大抵便是这样的日子吧。

她对少帅也悉心呵护体贴，她的聪慧明朗总能带给他惊喜和慰藉。她每天还努力地学习，讲得一口流利的英文。平日里她都是以秘书的身份陪伴少帅左右，她想，自己能做的也就是更努力地学习，在必要时，能够助他一臂之力吧。

时间一天天流逝，经过一些时日的暗中观察，于凤至发现，赵四并不是她想象的那般为贪图张家名利而来，也不是玩玩就罢的轻佻女子，她是真爱少帅的。而且，赵四的懂事让她也敬慕三分。每次少帅给赵四带回些礼物，赵四总不会据为己有，而是先拿去送给于凤至。她称于凤至为大姐，称自己为小妹。这样伶俐的女孩，把三人的关系处理得恰当和谐，每每三人相携进出，总是羡煞许多人。

如此于凤至便也开始对赵四好起来，她还悄悄地把帅府旁边的一座二层小楼买了下来，找人装饰一番，送给赵四居住。从此，这座小楼便成了赵四与张学良的居所。

有了自己独居的小家，赵四把它布置得妥妥当当。她精心挑选了西洋家具、窗帘，摆上了各式花草。在她的一番布置后，这座二层小楼既弥漫着西式情调，又散发着东方风情，房间的每一个角落，都充满了她的爱。隔壁不远处，就是少帅办公楼，她将自己的卧房安排在最偏僻的东北角，因为在这间房透过窗户，能看到少帅办公室的亮光。她喜欢站在卧房，凝望远处的灯光，好似盼望夫归的女子。时光如果能够定格，她宁愿这样欢喜地过下去。在这段最为幸福的时光里，她迎来了他们爱情的结晶——她怀孕了。得知这一消息，她兴奋不已，偷偷地跑去告诉了少帅，两人都如获至宝般欣喜。

福祸相依，苦难总是伴随着幸福而来，想躲都躲不及。女子怀孕当然是娇贵不少，可是这时她的身上偏偏长了一个险恶的痈疽，疾病折磨得她苦不堪言。这实在也是一件危险事。当医生劝诫她只有打胎才能更好地养好身子时，她是万万不愿意的。要她放弃这个孩子，好似要了她的命一般。每次翻动身体换药，她都疼得难以忍受，但是她从不埋怨一声，就这样坚守着，身子也奇迹般地好了起来。终于，她诞下了他们的爱情结晶——一个男孩，酷似眼前这个男人。他们给儿子取名闾琳。这一年，她 18 岁。

旧时女子对如意生活的向往，多半会希望安然幸福，但这个乱世也就注定了她的生活不会这么一帆风顺。

她就是不知，为何当下许多人竟会说她是“红颜祸水”。或许是古代太多的君王良将，因为自己喜爱的女子乱了方寸的缘故吧。“九一八事变”后，东三省沦陷，热河保卫战失败，张学良因为所谓的“不抵抗”成了众矢之的，遭到国人唾骂，她也就这么担上了骂名。当她正在为此事而烦扰时，更令她难过的事情不期而遇。她举枪对着自己，不是想自杀，而是想以自己的生命换回她生命的另一半。彼时她已不能分清自己的生命与他的生命有何区别，如果能挽回他的生命，她倒是很愿意的。

当时张学良开始注射吗啡。他是承受不了国人的不解而想要麻醉自己吧。后来依赖性与日俱增，精神也变得萎靡不振了，面黄肌瘦，往日俊逸的少帅风采荡然无存。这个曾经叱咤东三省的大英雄，如今变得如此不堪一击。看到心爱的人生不如死，这就像一把刀子剜着她的心。她不能任由他这样下去。她去求过大姐于凤至，希望借助于昔日于凤至在这个家的威望去劝诫少帅。可是发现事实后，她彻底失望了。于凤至也养成了吸食鸦片的习惯，她又怎能有毅力去劝服少帅？张作霖早已驾鹤西去，于凤至又这般，实在无第二人能够劝阻少帅。她也曾去求过张学良昔日的挚交宋子文，但是人一旦染上毒瘾，又岂是几句好言相劝就能了事的。赵四真的绝望了，她顶着世人的骂名，四处奔波却未换来爱人的觉醒，她觉得自己的天塌了下来，茫然看不到未来。

就在这一日，她举起了那一把枪。这日一早，赵四来到了张学良的办公室外。她端起枪，走到窗边，面对着教堂的塔尖，虔诚地在胸前画了个十字，然后举起手，郑重地说："我发誓！——"她声嘶力竭地号叫着，泪水涌了出来，她的话没说完便哽咽了，但是在场的所有人都明白她要说什么。她为了他，宁可以生命相威胁。他好像突然从梦中惊醒，立刻呆住了。

张学良屈服了，开始接受治疗。为了防止张学良抓挠，治疗时必须将手脚都捆绑在椅子上，毒瘾发作时，揪肠裂肚，痛苦异常。实在疼痛难忍时，张学良就用牙齿撕扯衣服，呻吟着，哀号着，惨叫着。守在外面的赵四何尝不是撕心裂肺般疼痛！她不敢看丈夫的惨状，看了会痛不欲生，会把持不住自己冲进去解救他！为了能够将他拯救出来，她觉得任何忍受都是值得的。七天七夜后，张学良终于戒掉了毒瘾。

许多人都始料未及，平日里这般柔弱娇羞的赵四，竟能做出这般果敢的事来。

这一次的事只是两人漫漫人生路上诸多磨砺中的一个，接下来的岁月，她还要接受更大的考验。

与当下的爱情相比，如若生于乱世，就更多了几分性命攸关的惊险。尤其是与政治搭上边的女子，更像是在走独木桥，一不小心，或许就会粉身碎骨。也正是因为有了这些惊险，才更能演奏出爱情的绝美与坚忍。乱世催生了这朵花，还要亲手将其毁灭吗？与张学良朝夕相处，赵四也会帮着打理一二，多少知晓些军政要事。两个朝夕相处的人，性情难免会相互影响，张学良的正义与爱国成分中，多少也受了赵四的影响吧。西安事变之后，张学良被奉为民族英雄。但是蒋介石也没轻易放过他，杨虎城为此付出了自己及家人的性命，而张学良也因此彻底失去了自由。

西安事变之后，蒋介石要求张学良亲自护送他回南京，张学良知道这一去将意味着什么。临走前，他最放心不下的有两件事：一个是他的东北军现在无人统领，另一个就是赵四母子。临行前那一晚，他去与赵四道别。每次见到张学良，赵四总会在心底泛起一层喜悦。这层喜悦只在心底，旁人无法察觉，或许也只有少帅能体会。6岁的儿子张闾琳已在床上睡着了，真是年少不知愁滋味啊！天真的孩子对于即将到来的危机是没有多少感知的，他睡得安静而甜美。张学良走到儿子床边，轻轻地抚摸了一下他的脸蛋，他晃了下脑袋，继续进入了梦乡。他想对她说，对她倾诉这将要面临的一切，他如果能有一张网，他真想将母子二人罩住，远离眼前这一切的纷争。他知道，再多的表达都是苍白的，分别就在眼前，此后的路会怎样，他不敢想。赵四明白这一切，她因爱而来，她如何肯因为这磨难就离弃了他呢。她在内心发过誓，只有当爱真正离开的那一刻，她才会放弃，除此之外，什么都不能让她动摇。

之后，张学良吩咐参谋长在自己离开西安后即刻将赵四母子送往香港。赵四是断断不愿离开的，直到得知离开后于凤至会亲去照料，她才同意离去。在港生活，她的心无时无刻不在思念。这七八年的夫妻生活，对于此时的赵四来说，张学良已不仅仅是她的爱人，更成了她生命中不可分割的一部分。

其间，张学良被辗转送往多地关押，居无定所，于凤至得了乳腺癌，病情日益加重，只得去美国治疗。此时，赵四得以再次回到少帅身边。舍不得年幼的儿子，于是她将儿子送往美国寄养。之后即刻赶到了张学良身边，寸步不离地相伴左右，陪伴他一起度过这漫长而漂泊不定的幽居岁月。

她把最美好的年华献给了这乱世中的痴情。当年那个如鲜花般阳光绽放的女子，与张学良一起经历着动荡和不安。此时张学良 40 岁，赵四 28 岁。之后他们仍然随着战事不断辗转迁徙，直至 1949 年被蒋介石骗去了台湾。

在与少帅相随的这十二年中，她经历了太多太多，从一个懵懂的少女，经历了这动荡变化的世事，她变得更加坚毅了，更能耐得住生活的磨砺了。是爱与责任，让她变得如此强大起来。

3

他们被幽禁在台湾新竹县井上温泉。这样一个与世隔绝、群山环绕的幽静之地，让她有了一种神仙眷侣般的感觉，但这里并不是世外桃源。相反，他们的生活是清苦而拘束的。

旧木板房，冬天潮湿阴冷，夏日稍遇大雨就四处漏水，而台湾又是台风频发之地，居住之苦自不待言。而被安排看管张学良的，是素有“希特勒”之称的军统特务刘乙光。执行内部警戒任务的特务，白天要站在张学良住房十丈左右的位置，晚上则移至居室窗外和门口。执行外围警务的宪兵，白天在远处站岗，夜晚则移到特务们白天所站的位置。二人的自由范围仅限在200米的范围内，而且只限于白天，黄昏之后不得出房门。在特务的警戒范围外，还有宪兵连的士兵三步一岗、五步一哨，彼此相望，形成一个包围圈。这样的部署从大陆一直带到台湾。刘乙光还将自己的妻子儿女带来同住，全家人“陪伴”张学良吃饭，借机监视他的一言一行。在这样几近苛刻的长期折磨中，赵四和张学良最后分别以88岁和101岁的高龄仙逝，这中间，自有旁人无法感知到的心灵慰藉。在身体不能行走的时候，他们的心却能高飞，却能愉悦，这是生命对他们的恩赐。

茫茫无期的严酷岁月中，他们也会忆及往事，或是太沉重了吧，美好的记忆总是那么少。赵四逐渐适应了这种孤寂和束缚，于是，她决定学着去改变，别出心裁地装点起了生活。冬天山里寒冷，不得不把衣被缝制得很厚。她便托人买来了缝纫机，自学裁剪衣服布料。不出几日，她便能熟练地操作起缝纫机缝制衣服了。为了能更好地照顾少帅，给他补充营养，赵四在院子里养了十几只花母鸡。每天清晨，她都早早地起来，给鸡喂食喂水，还在旁边放了些干草，搭了个鸡窝。经过赵四的精心喂养，有几只母鸡开始下蛋了。偶尔她能在鸡窝里捡到两只鸡蛋，便会开心地拿去给少帅做“营养品”。她还开辟了院子中的一块空闲地，种上了莴笋、青菜。清晨或下午，她会陪张学良到菜地里转转，拔拔草，捉捉虫，一方面分散他的注意力，缓解苦闷，同时又改善了生活。两人偶尔也会申请去附近的山上拍拍照，观赏一下风光。

这种平淡无奇的日子，每天只有四目相对，她也没有放弃自己。服饰妆容仍是一丝不苟，在粗糙的生活中顽强地保持着骨子里的优雅与美丽，不为别人，只为身边的他。见过赵四的人都会感叹，这个穿着蓝衣布鞋的女子，洗尽铅华，已然超凡脱俗了。

这么一晃就是十年。后来，他们被转移到高雄西子湾。“房屋宽阔，环境优美，为二十余年来最舒适的处所”，尽管生活条件有所改善，但管束依旧，“自由”仍遥遥无期。往昔的荣辱已渐行渐远，他们每天所要面对的是茫茫的未来和孤寂，读书就成了张学良最大的爱好，而操持张学良的衣食住行和身体健康，是赵四最大的慰藉。如果人有一双能够望得到未来的眼睛，不知当年的赵四小姐是否还会义无反顾地如此选择？这是无须考虑的问题。此刻，她是可以离开他去寻找自由天地的，但是真让她离他而去，那才是真正的失去自由，身体的囚禁何以能关得住爱情的相偎相依？

她是一个妻子，还是一个母亲。自与儿子一别，长期杳无音讯。那一年，旧金山发生了一场大火，死伤多人。从报纸上看到这个消息，她顿时惊呆了，心像被刀割一般疼痛难忍，不知那里面会不会有自己的儿子。十几年囚禁深山，与外界联系甚少，此时她都不知道如何能获悉儿子的消息。在痛苦中煎熬着，她只能恳求上帝怜悯她的儿子平安无事。有一天，好友董显光夫妇要到美国就职，临行前来探望。她像找到了救星一般，恳求董氏夫妇帮忙寻找儿子。董氏夫妇向她索要了地址，当他们按着地址寻到时发现那里成了一片高尔夫球场。几经周折他们终于找到他的住址。得知儿子消息的那一刻，伴随着思念和欣慰的泪水夺眶而出。后来，她获得几次“特许”飞往美国探望儿子，来去匆匆不超过三天，只因为，她放心不下张学良一个人在家。荣华退却后，这份爱与亲情相交织的情感，已成了她生命的全部。

这样的岁月，在常人早已无法忍受。一个是勇敢无畏的民族英雄，一个是倔强痴情的大家闺秀，他们既能在战火纷飞中傲然并立，也能在孤独寂寞中暗自芬芳。这份清静中，他们可以向内反思，修研史书，思索生命的意义，让自己更加豁达澄澈。

直到后来，他们终于寻到了人生的依托，因为他们皈依了上帝，成了基督徒。其实，这并不是偶然，他们骨子里的大爱坚守和民族气节，本就与基督教的某些教义相吻合，只不过，他们只是迟一步找到了彰显人间大爱的上帝罢了。

这样的处境，这样的相守，或许早已不再需要什么承诺。但是，张学良还是要给她一个承诺的。或许，他是要给这三十六年的相守一个交代吧。他书信一封，让来探望的女儿捎与于凤至。在信中，他说自己现在已是一名基督徒，基督徒是不允许有两个妻子的。言外之意是想与于凤至离婚，再与赵四结婚。不久，他便收到了于凤至来自大洋彼岸的回信："你们之间的爱情是纯洁无瑕的，堪称风尘知己。尤其是绮霞妹妹，无私地牺牲了自己的一切，任劳任怨，陪侍汉卿，真是高风亮节，世人皆碑。其实，你俩早就应该结成丝梦，我谨在异国他乡对你们的婚礼表示祝贺！"并随信寄来签了名的离婚协议书，成全了张学良与赵四的爱情。

这一天，对于他们漫长的一生来说，是一个极不平凡的日子。一大早，年过花甲的张学良就早早起床，穿戴好新衣鞋帽，英姿飒爽不减当年。赵四也在梳洗打扮，兴奋之情溢于言表。是啊！三十六载，从红颜熬成了白首，她却做了一回白首新娘！

他们的院子中，围着篱笆种了一圈的兰花，白的，粉的，满院的花香。少帅经常对人说，赵四小姐最爱兰花了，寂寂地开，幽幽地香，就像她自己！两人于是在院中种了如此多的兰花。张学良缓缓地踱步来到院中，他转了一圈，找到了两朵开得最美的，轻轻俯身摘了下来，凑近了闻一闻，真香啊！望着这两朵开得淡雅的兰花，张学良陷入了沉思：他仿佛看见了三十六年前那个春天的夜晚，一个含苞欲放的少女静静地坐在喧闹的一角，亦如这兰花一般散发着迷人的淡雅与清香。

他拿着兰花转身进了屋。赵四仍坐在梳妆台前，她凝望着镜子中的自己，将一根白头发揪了下来，又抚了一下脸庞。岁月悄悄地带走了她的青春容颜，却在她的皱纹中镌刻下了深深的爱与刚毅。她的岁月流逝给了另一个人，他们的生命早已交融在了一起。

张学良将兰花插在了赵四头上，又把另一朵别在了赵四胸前。兰花散发着淡雅的清香，氤氲在赵四周围，透过她素雅的装束，温婉的容颜依然如当年一般光彩照人。

婚礼并不隆重，只邀请了几个至交。经过二十几年与世隔绝和相依为命，他们牵手许诺继续风雨同行，在余下的岁月里，让上帝来见证这份永不褪色的爱。

三十几载冷暖岁月，当代冰霜爱情，红粉知己，白首缔盟。这是传奇，也是奇迹……无名无分，没有功名，没有奢华，却不离不弃，这需要何等的毅力和勇气！再想想我们今人，多少情侣因为功名利禄而劳燕分飞，多少婚姻抵挡不住外界种种诱惑不欢而散，想来也让我们汗颜！

4

与政治牵连在一起的两人，命运就是这般不由自主。随着蒋介石的日渐隐退，蒋经国逐步执政，对张学良和赵一荻的看管也逐渐宽松。两人虽形式上还在监禁，但却可以呼吸更多的自由空气了。其后，他们获准建了一层两栋小楼，居处朴实却不失精致。多年的流离失所，他终于让赵四重新住上了新房。其后的日子里，他们就这样安定地生活，驾着一辆二手福特车，四处拜见老友，或者潜心研读《圣经》，参拜聚会。风霜雨雪都已走过，他们更加体会到了爱的含义。不论何种处境，不论世事如何，都要行出神的大爱来。幸福是需要感恩的，上帝赐给她一个自己为之倾尽毕生的男人，还给了她一个迟到的婚姻，这一切她都很满足，也很感激。蒋介石逝世后,二人的身心终于获得完全的自由。“久在樊笼里,复得返自然”，两人就如笼中飞出的鸟，终于可以引吭高歌了。

笑到最后，才会笑得最美。他们共同经历了台湾领导层的更迭，蒋介石离世，蒋经国离世，李登辉上台，世交老友也一个个离去，就连于凤至也走了。然而,他们两人依然精神矍铄。心如止水的他们，不闻窗外之事，尽管世事总是无奈，他们却始终洋溢着对人情的豁达和对爱的忠贞。直到 2000 年 5 月 28 日，张学良迎来了他的百岁生日。一个世纪的沧桑，他看透了这些悲欢离合。生命沉淀下去的，只有深厚的爱。

这一天，在夏威夷的一所老年公寓里，海内外亲友和东北同乡多人齐聚在此，参加张学良和赵四的“生日感恩会”。细心的人会发现，这一天本不是他的生日，他为何会选在这一天呢？他有什么未曾了却的心愿吗？众人不断猜测和询问，后来他终于揭开了这个秘密。其实答案很简单，一切只因为这个陪伴在自己身边的人，因为这一天是他的夫人赵一荻88岁的生日。他要将自己的百岁寿辰移至这一天，与妻子的88岁寿辰合在一起来庆祝。用情之深，可见一斑。赵四的身体状况一直不好，他怕自己没有太多的时日为她多做点什么。因为他觉得，他欠赵四太多了，在这所剩不多的时日里，一定要尽自己最大的能力去补偿她。

人世间最珍贵的莫过于这么几样东西：时间、青春，还有爱。其实，每个人来这世上走一遭，本是孤零零一人的，却因有着这么多的人在我们的生命中经历过，我们的人生才显得绚烂丰富，才更有价值。仔细想来，赵四一人就给了他全部的人生种种最珍贵的东西。时间、青春，还有爱，她的全部，都给了他。

生日过后不久，赵四因摔断了腿住进了医院，随后又出现了呼吸困难等症状。那一天清晨，老伴张学良坐着轮椅守在床边，张学良握着她的手喊着私下对她的昵称，浑浊的泪水伴着无限依恋滚了下来。她只是静静地望着他，无法开口说话。就这样，他一直握着她的手，握了将近三个小时，其实她早已停止了呼吸。赵一荻终于就这么丢下张学良飘然而去了。晚年的她已经感觉很幸福了，所以，她是含着笑离开的。痛失老伴的张学良，沉默不语地坐在轮椅上，泪水不由自主地流了下来……他一直握着她的手，趴在她的胳膊上，久久地恸哭，这个伴随了他七十二年的生命消逝了，他怎么都不愿相信这是真的。

古语常说，送君千里终有一别，天下没有不散的筵席。这些道理，原来在人生中也是适用的。两个人终要分开，或许会在来世再见吧。她是真的走了，带着对少帅的爱，离开了这个世界。赵四走后，张学良换了个教堂，再也没去两人经常同去的教堂礼拜，睹物思人，他不忍心想起她吧。有时，他会突然冒出一句话：“太太已经走了。”他脸色平静，接着说：“这是上帝的安排。”是的，他相信，等他走后，上帝一定会安排他们再相见的。对张学良来说，赵一荻是永远无可取代的。当一切尘埃落定，一年后，在一个有阳光和微风的日子里，赵一荻轻轻地唤醒了沉睡的丈夫，两人一同迈进了那扇金色的大门。我们相信，天堂里，张学良还会操着浓重的东北口音，指着赵四说：“这是我的姑娘……”

人生漫长而又短暂，有谁能够拿出七十二年的履历写满另一个人的足迹？

五十年的幽寂岁月中，她从一个妙龄少女走到了耄耋之年。在落魄孤寂时，张学良没有愤懑放弃，硬是活到了百岁，这股韧劲不得不说也是因着赵四的支持。她的隐忍和不离不弃，给了张学良无穷的信心和能量，连张学良的弟媳也曾说，张家欠她的情分太多了，张家上下所有的人都感激她。因为张家的亲人不管有多好的心，有多大的本事，有多高的地位，都不能将它们转化为直接的关怀，送达张学良面前，给他哪怕一点儿的帮助，只有赵一荻夫人几十年如一日形影不离，成为他的精神支柱。

两情的长久，不在朝朝暮暮。遥想当年，往事历历在目，张学良老泪纵横。花一样的年纪，她为爱私奔，抛弃了父母亲人；她住在帅府旁的小楼，每天眺望远处的灯光；为了让少帅戒掉毒瘾，她可以拿自己的生命去交换；为了他遭受国人的嘲讽和谩骂；西安事变她跟随陪伴少帅经历那惊心动魄的时光；陪伴他不停地穿梭在人烟稀少的囚禁地；与他一起抵御寒冬的冷酷，吃她做的饭，穿她亲手缝制的棉衣，与她一起养花种菜，一起爬山拍照，带领他走进基督的美好国度，超越人世生死……这样七十二年的真心厮守与相濡以沫，她伴随张学良从将军沦为阶下囚，从舞场上的俏佳人到辗转流离的囚房。她，就是项羽帐前的虞姬，为了心爱的人可以自刎乌江之畔……没有了她的人生，张少帅怕是要踽踽独行了。

相濡以沫一世情缘，哪堪斯人已乘黄鹤西去。人都说，梨花易老，海棠依旧，却也不知，梨花犹在，海棠已逝。人生最终的结局，终是抵不过那一世的情缘。当年的张少帅，依然觉得她还在，就在身边触手可及的地方……

繁华后的憔悴

——盛爱颐

1

她是近代上海滩最大的资本家盛宣怀的女儿；她是时任财政部长的宋子文的初恋情人；她是中国女权案第一人；她曾斥巨资修建百乐门舞厅，也曾住过化粪池旁边的小屋……繁华落尽，生命宛若莲花一灿。

如果要提起民国时期上海滩那个曾经风生水起的女子，关于她的一切，都是那般不同寻常。而造就这不同寻常的一切的，还要追溯到她那同样风生水起的家世渊源。

说起史上赫赫有名的豪门望族，盛氏家族便当属清朝末期上海滩上数一数二的范例。

盛氏家族的掌门便是清末洋务运动的名将——盛宣怀，他的一生极富传奇性，亦官亦商，家财万贯，也亦中亦洋，且妻妾成群，八儿八女，真能称得上当时上海滩第一豪门。

盛宣怀生于官宦世家，盛家在当时是极有威望的。由此推断，盛宣怀本该科举中第，求取功名，踏上仕途的。可是，他并不能如家人所愿，几乎是屡考屡败。后凭借世交李鸿章之势谋得了不错的官职。在清政府与列强的抗衡中，盛宣怀因其在自建电报系统中的卓越功勋，被任命为电报局总办，后逐渐掌控全国的信息命脉。后来，他在铁路、电话、电报、轮船等领域皆有建树。

盛宣怀一生风流，娶过好几房，生育了八儿八女。盛宣怀的这些子女都是豪门婚姻，互相攀附，于是以盛家为中心，形成了上至朝廷大员，下至江南富豪的典型豪门网络。盛氏家族在两百年间，繁衍了八代子孙，可谓家大业大，源远流长。

对于许多的公子哥儿而言，如果祖上有大笔的家产可以挥霍，他们当然是不会吝惜的。盛宣怀的几个儿子，多半是无能败德之辈，吸食鸦片，败掉了不少产业。其中的老四，盛恩颐曾有过一夜输掉一整条弄堂的“豪举”。当然，这点损失对盛家而言算不上多大。这众多的儿女也不全是不肖子孙的。老七盛萍臣是当时东华足球队的老板。老七不仅一手创建了球队，还令东华足球队一跃成为足坛新星。在提及上海足球时，盛家功绩不可埋没。

与子辈相比，盛宣怀的孙辈可谓人才辈出。盛宣怀四女儿盛樨蕙的大儿子，被誉为“民国美男子”的邵洵美，是上世纪三四十年代活跃在文化圈的名人。邵洵美是颇有名气的诗人、翻译家、出版家，还是一位出色的社会活动家。他开书店、办杂志、出新书、开印刷厂，一样都没落下。他还曾致力于经营新月书店，其下网罗了一大批著名作家，如胡适、林语堂、罗隆基、沈从文、梁实秋、梁宗岱等。后来这些作家便组成了新月派。

邵洵美的光芒让盛氏家族中的多数孙辈难以企及，当然，盛毓度除外。盛毓度是败家子老四盛恩颐的二儿子，曾留学日本，实业与政治都颇为成功，在国内享有美誉。不仅如此，他还具备十足的商业眼光。他曾在日本打造了第一家真正称得上高质量的、能体现中国传统文化与饮食文化的中国饭店，一座中国宫殿式的高级饭店——留园饭店。盛毓度从国内聘来京、粤、川、沪、闽五帮名厨高手，在口味上提供了多元化的选择。此外，盛毓度还用尽心思，将饭店进行三段式布局。饭店共设三层，底层为大众散席；二层为举办大型宴会和集体活动的特设大厅；三层为私密包房。如此划分，令饭店分区清楚，功能完备，满足了各阶层人士的需要。因此，自开业以来，饭店常年宾客盈门。有些顾客甚至宁肯排队等候，也坚决要在留园饭店宴请客人。盛毓度不仅眼光独到、头脑机敏，还是个事必躬亲的勤快人。每到晚市的高峰时段，一袭长衫的盛毓度经常往来于宾客之间，不断与老顾客们寒暄、交谈，因此也积累了不少交际资源。在盛毓度的精心打理下，留园饭店的风头一时无二。

盛氏家族就是这般五光十色，各色子孙俱全，让这个家族始终在中国近代史上闪耀着光芒。然而，在这光芒中，最绚烂奇异的一束当属盛宣怀的七女儿盛爱颐，人称“盛七小姐”。盛爱颐乃盛宣怀正室庄夫人所生。此七小姐不但生得清秀，聪明伶俐，还善诗文，精女红。盛七还有一胞兄盛恩颐，人称“盛老四”，时任汉冶萍公司总经理，由于整天忙于公务应酬，盛爱颐便朝夕陪伴母亲左右，成了母亲最亲近之人。庄夫人有何个人私事，多半是由她出面周旋，故不到 20 岁，盛七就见多识广，练就一副伶牙俐齿，闻名于上海滩。自此，她的传奇一生便也华丽开场。

2

大家闺秀与贫穷书生的恋爱故事，从来都是古典戏曲里的典范。

初相见时，贫穷书生比不过富家公子门当户对，心里早清楚当以才学打动佳人。崔莺莺听得张生诗句后暗自思量。一个有意，一个留心；一个使出浑身解数，一个从深闺庭院的尘封中颤颤巍巍走出来。这便是多半才子佳人故事的浪漫开端，隔了几百年，竟也穿过历史的云雾不断地上演着。

盛七小姐与宋子文的相识，在民国算来，当是再普通不过的。原本，这生得才貌双全的盛七小姐自然是高贵与矜持的，如娇花照水般。彼时上海滩不乏富家公子欲与之交好，然而这般性情的女子，哪里是门当户对即可入得了其眼的。况且，一般的人从来近不了她的世界。直到那一日，宋子文出现在她的生活中，七小姐这端着的心渐渐开始从云端走下，向着人世间温软的气息贴近。

宋子文彼时才从国外留学归来，因做了盛家老四盛恩颐的英文秘书，逐渐成了盛府里的常客。长居深闺的七小姐本是外人难以轻易得见的，却因时时出面招呼这年轻人，便与他相熟起来。不久，宋子文即担任了七小姐的英文教师，且据说这一职务是宋子文主动请来的。他们之间遂因此更加亲近了些。

对于七小姐，与这年轻人每日的交往，是她从未体味过的新鲜之感，与古时老朽和学童间的关系大不相同。两人年岁相仿，而宋子文本身也非等闲之辈，生得相貌堂堂、谈吐不凡且不说，讲得一口流利英文，况且他留洋归国，见识广博，异域风土人情、政治艺术无不通晓，这着实是一种吸引。亦不说这宋子文本就对盛七存有好感，有这么难得的机会，他也乐得多表现一番。宋子文，便是这般带着一股新鲜的空气吹入了盛七的心里。他所带来的这一切，都是她未曾体验过的。郎情妾意，顺理成章。

盛家反对是意料之中的。最初，庄夫人对宋子文还是颇为满意的，见他一表人才，也便有些将爱女托付的意思。但当她得知，宋子文家父乃一教堂演奏洋琴者，即刻便断了念想。堂堂一上海滩大户小姐，怎可嫁与这般人。庄夫人不同意，盛家上下也是不会同意的。庄夫人向盛七表明了态度。盛七一开始也是犯难的，她早已料到，家人多半是不会同意二人的。但是真的一切如此了，她又心有不甘。她盛七向来是有主见之人，可这次她也疑虑了。她向来对母亲是敬重的，违抗母命之事，从未做过。如此，“引狼入室”的盛恩颐便要出面解决。他一纸令下，宋子文便被调到武汉做了汉冶萍公司汉阳铁厂的会计处科长。虽说职位尚可，明眼人一看便知此举是有意要将二人分开的。没过几天，他便从武汉折了回来。不能进盛家门，他便在路上拦着她说话。有一回，七小姐的车正在路上开着，宋子文当街把车子一拦，一副不见人誓不罢休之势。然而，聪慧明智之人与痴情之人的区别便在这里。痴情之人情到浓时便什么也顾不得，而明智聪慧之女子，多半会思量再三，而选择挫折最少的那条路去走。

至 1923 年宋子文为孙中山所起用而南下之时，他甚而想带着七小姐离家远走。然而，七小姐却似乎无意配合他。在盛七看来，宋子文此举并未顾及到她对家人的感情，也会将她置于不孝之地。那威严的盛府，对他不可不说是一道难以逾越的墙，对于七小姐，也不是说放就能放下的。“你若心中真有我，是该懂得我的苦衷的。你若心中真有我，你亦当会记得我的等待，为我而归来。既是如此，我又何必为了追随你而完全委屈自己呢。”想来这番话，也只能她七小姐说得出。你若真爱我，就会等我，如若不能，我又何必追随你。如此之逻辑，也不是随便哪一个女子就能够有的。宋子文真若张生，但七小姐却不是崔莺莺般为情不顾一切。那日，宋子文连离开的船票都已为她买好，她却表示，她并不愿意离开这个家，她只是要在这里等着他回来。金叶子当时属上流社会馈赠友人的礼金，七小姐便掏出这样一把金叶子放入宋子文手中。即使不能随你而去，送点礼金多少可以回报一下宋子文对自己的痴心。是年，张生也是这般被崔家拒于门外的，张生便这么幸运地中了榜，满心欢喜地回来迎娶崔莺莺。是否当时，七小姐也是这番意思？应该是吧，不然不会在如许年的等待后听闻宋子文已成婚而发出满腹怨言。

宋子文就这样满心忧伤地离开了。初恋时一朵娇嫩的花开在心中最深处，也最容易消逝。于二人，这是他们各自美好的初恋。带着失望与怨气，他走了。而当多年后他事业有成归来时，身边早已有佳人相伴。说起宋子文夫人张乐怡，也是颇有来头的。张乐怡是当时名震一时的建筑企业老板张谋之的千金，才貌双全。比起七小姐，张乐怡更柔美且风姿绰约，宋子文对其一见倾心。当时，出任南京政府财政部长的宋子文决定为母亲倪佳珍在庐山建造一幢纳凉别墅，而代为参谋的便是张乐怡的父亲张谋之。宋子文携带秘书登门拜访，与张谋之相谈甚欢。洽谈完毕后，张谋之挽留宋子文享用家宴。宋子文盛情难却便留下了。不曾想，这一留便促成了一桩美好姻缘。席间，张乐怡大方得体，对宋子文热情有加，这让宋子文对她产生了强烈的爱意。几番往来，次年，两人便在祝福声中结为连理。在宋子文眼里，张家对自己远比盛家要尊重得多。有时，与“情”字相比，人还是更愿意谋得别人对自己的尊重。但是宋子文是否曾想，张家如今给予自己的尊重，不就是因为他现在财政部长的身份？如若他亦如当年在盛家时的身份，张家是否会这般轻易接纳他？眼前的贪恋，总比谨守过往不可靠的承诺或者虚妄地等待不切实际的未来要来得实在。无论如何，宋子文成婚了，这倒是真的。不知他是否知道，当年那个真情对他许诺的七小姐，如今依然在等待“张生”一举高中去风光地迎娶她？或许不是忘了，而是他认为那样的临别赠言也只不过是不能与之私奔的推辞罢了。抑或是当时他对七小姐的苦苦追寻也只是一种情境，境遇不同，自然情也不在了。而他终究不懂七小姐那心高气傲的性子下面掩藏着一颗真挚而执着的心。

当漫长的守候只等来一个婚讯，32 岁，即便如今也该列入大龄剩女的行列，何况是在民国。七小姐虽很是伤心了一场，却也极快地做出了决绝的选择，嫁与了庄夫人的内侄庄铸九。然而，她与宋子文的恩怨却并未就此停息。抗战胜利之后，盛家的兄弟姐妹常在盛宣怀五子盛重颐的淮海中路大花园中聚会打牌。一天，七小姐接到电话，来花园喝茶，却没有想到一走进客厅便碰上了宋子文。原来宋子文并未对七小姐断了念想，他仍想见她，想要修复两人的关系，也或许正因为如此，他才委托盛家兄嫂安排了这次相见。两人见面不无尴尬，虽然七小姐家人甚是热心地从中调和，却也不见得有效。七小姐只是冷冷地回绝这在她看来无比虚伪的和好。当宋子文劝其留下共进晚餐时，她也只抛下一句“不行！我丈夫还在等我呢！”便拂袖而去。当然，宋子文见状自然也讨了个没趣，悻悻地离开了。

事后，当人们再度问起当日的决绝，七小姐总是一副漫不经心的模样，她说：“既然大家都有了各自的生活，又何必再去招惹事端。何况他正高官厚禄，春风得意，我又何必如此作践自己去巴结他呢？不过话说回来，他那把金叶子还没还我呢！”七小姐从来是将这冷漠当作保护自己的外衣，殊不知，这样的自我保护换来的是更加难以愈合的伤痛。从这个背信弃义的男人身上，七小姐清清楚楚地看到，即便是女儿家也该有最起码的自尊与独立。这样，即便丢了男人，她也能够精彩从容地走过自己的人生。随后的事实证明，这个觉醒后日渐强大起来的七小姐，确有惊世骇俗的本事。

3

盛家儿女众多，财富自然也不少。盛家老爷去世早，当时也未考虑财产分配问题，以致其驾鹤西去后众人为遗产分配闹得不可开交。1927 年庄夫人去世后，盛府内众多子女遂面临着划分遗产的局面。彼时盛氏子女中，唯七小姐和八小姐尚未出嫁，其余则有七小姐的三个哥哥恩颐、重颐、升颐，以及她的两个侄子毓常和毓邮。七小姐和八小姐尚在闺中，而盛恩颐诸人划分遗产之时则欲将其二人排除在外。依七小姐的性子，她是不会退让的，而八小姐盛方颐却并非如此。盛方颐是萧夫人之独女，性格随母亲，生得善良怕事，一副弱女子之相。面对遗产分配的不公，八小姐非但一点主见也没有，并且显得十分怯弱，凡事都得七小姐担着。

话说，引起纷争的资产是盛氏愚斋义庄中已然归于公产的一笔基金。在划分遗产之初，盛恩颐就具状向上海临时法院提出，欲将早已归入义庄的属于慈善基金的那部分，提出来分入盛氏三个兄弟以及两个孙子账下。统计后得知，这笔款项十分巨大，分配不妥必将引发盛府内乱。这笔巨款不由分说被盛恩颐等人抽空分掉，而没有盛家女人的份。这就引起了七小姐的不满，她向盛恩颐提出要从中获得十万银元以作出洋留学之费用，却被拒绝。面对如此贪婪无情的哥哥，七小姐也横下了心打算捍卫自身权益而还以颜色。接下来便是七小姐那石破天惊的举动，她用所留不多的钱财聘请了当时最顶尖的律师，将私自划分遗产的盛氏五人告上了法庭。

按照当时民国的法律，未出嫁的女子与家族中的男子一样拥有继承权，这是国民政府革除清朝旧习而倡导男女平等的现代观念之中的一条。然而在当时的实际却是，传统大家族中女子无法对于财产进行继承的事实并未因这一条法律的颁布而自动消失。它根植于人们的观念之中，即使遇上被剥夺继承权的事情，彼时的女子亦无反抗之勇气。七小姐所打的这桩“民国第一女权案”，正是领了风气之先。然而，高昂的律师费却让七小姐有些为难。在最紧急的时刻，是萧夫人倾囊而出解了围。利用手上仅有的费用，七小姐豁出去大干了一场，她的勇气与胆识，当年大约是无人可及的。

七小姐的诉状一出，全国哗然。开庭之前，即被各家报纸纷纷渲染，一时竟在社会上引起了不小的轰动，为公众所关注。因为女子要求男女平等之财产继承权，此尚为第一起，影响全国女同胞之幸福，关系甚巨，而七小姐本人的明星效应在其中亦起到了推波助澜的作用。《申报》报道：“盛女士为国民党老党员，对于革命工作，曾迭次参与机要，先总理在日，甚为重视，又与宋氏姐妹相知甚深，故此次提起诉讼，各方均表同情。”在当时，《申报》所享有的权威性是毋庸置疑的，其言论关乎国计民生。有了《申报》的披露与支持，彼时法律界人士亦将七小姐的这起诉讼案作为一个民国法律在改革与施行上的极好的突破点，开庭之日有上海著名律师江一平、詹纪凤等人前来旁听。

因为此时国民党统治上海已一年有余，一般民众对于七小姐诉状所依据的《妇女运动决议案》皆已有所了解，因此以盛恩颐为代表的被告一方很快便承认了未婚女儿继承财产的权利，辩论转而以义庄究竟是谁的财产为中心展开了拉锯战。被告一方坚持认为他们五房作为盛宣怀的继承人，在1916年盛去世时继承了他的全部遗产，其中包括已经分配的一半财产，也包括义庄。因此当他们分配义庄的六成财产时，他们并不是在分配盛宣怀的遗产，而是在分配早就属于他们自己的财产。因为1916年国民党的政策尚未出台，且国民党也尚未统治上海，未婚女儿没有继承父亲财产的权利，所以七小姐对义庄财产没有任何权利，正像她对父亲的其他遗产没有继承权利一样。

但法庭支持七小姐的观点，认为盛氏兄弟不是义庄的共同所有者。既然盛宣怀临死时明确把一半财产划出，不给五房分配而是建立义庄，就证明义庄财产不在继承之列。义庄成立后，其本身即是一个财团法人，义庄所有财产归该财团法人所有，而不是归盛氏兄弟所有。如今既然中央政府以特别的行政决定解散义庄，被告才可能对义庄财产提出要求。但是这个行政决定只是说解散义庄并将财产归还盛家，却并没有说在盛家兄妹间如何分配，因此分配办法必须由法庭根据现行法律来裁决。

一个月后，法院的判决书宣告七小姐胜诉，应当分得先人的遗产五十万元。就这样，七小姐赢了官司。这一赢不要紧，竟一时之间为民国女权案立下了榜样，为民国女子留下了飒爽英姿。民国也不乏女权主义者，但多半是文人艺士，如七小姐这般，亦是传奇了。因为七小姐，萧夫人及八小姐也得到了应有的那部分遗产，从此便可安定下来。念及患难之情，七小姐还将遗产中的一部分赠予了萧夫人。

日后，在谈及七小姐时，人们总不免带出这一桩中国第一女权案。然而，这一令人大为赞叹的壮举，却仅仅是个开始。这个传奇女子，此时才二十多岁，她的故事不会就此轻易结束，等待她的是令她更加绚烂夺目的时刻。

4

凡提及旧上海繁华的男男女女，总不能没有百乐门的身影。当年上海滩的一代名媛唐薇红，几十年后物是人非之时，依旧常常化了精致的妆，到百乐门像当初一样舞着。对于她来说，那灯光迷离、舞步交错之地，似乎是她青春年华的见证。好似除此之外，再没什么能比百乐门更闪耀着旧上海那声色犬马的诱人气息。

百乐门最初的创立人便是七小姐，其中很大一部分资金便是来源于她所争得的遗产。1932 年，盛七小姐用遗产官司赢得的资产，在被称作“贵族区”的上海西区，创建了美式风格的百乐门舞厅。这座六层的高级娱乐场所，留给人们的是令人目眩神迷、难以忘怀的奢华记忆。如今，它已成了上海最具标志性的文物建筑。甚至于，在许多以旧上海为背景的电影中，若没有百乐门的身影，人们便觉失了几分韵味与真实。如此看来，七小姐还是有一番男儿情怀与筋骨的，如若不然，是成就不了如此壮举的。

作为上海社交界的名媛，盛七早已惯熟于各样社交场所的应酬。

而彼时上海西区正没有一个像样的娱乐场所，倒不如自己一手缔造一个。七小姐赢了官司不久，风头正盛，百乐门蓦然崛起，遂立即引来无数佳人公子。旋转楼梯，玻璃地板，炫目舞厅，灯光直直穿透整个上海的夜空，谁能不对它仰望。“月明星稀，灯光如练。何处寄足，高楼广寒。非敢作遨游之梦，吾爱此天上人间。”这是当时传诵一时的诗句。人们用尽一切词句来形容那梦幻之地。醉生梦死，歌舞升平，所有美好的青春都在这里挥洒。这是七小姐一直的梦，亦是整个上海滩永远无法忘却的梦。

今日众人熟知的阮玲玉、周璇诸人，当年正是百乐门中呼风唤雨的人物。她们的照片今日依旧挂在重建后的百乐门中，斯人已去，然而那光影交错中的旗袍身姿、玉面颦笑，从来都凝着人们对于那消逝年代美的想象。在一切与百乐门有关的光与影中，都有着七小姐的点点滴滴。

回想百乐门的辉煌，我们不得不感叹盛七小姐的社交影响力是如此之大。开业当天，国民党政府上海市市长吴铁城亲自出席并发表了祝词，上海的各界名流淑媛也纷纷前来捧场。白色的大理石旋转楼梯通向大舞厅，阳台上另有一个舞池，玻璃地板，下方有脚灯，让人感觉像在鸡蛋上跳舞。这便是百乐门的风格，它如盛七小姐一样气派十足、风姿绰约。似乎还有人戏谑，百乐门里那间厕所只怕比夜巴黎的舞池还宽敞些呢。

作为上世纪二三十年代的世界时尚之都，上海的交谊舞之风十分盛行。一时间，拔地而起的大小舞厅竟多达300多家。在这之中，百乐门实为翘楚，它与仙乐斯、新仙林、大都会等被誉为舞厅四大名旦。居首的自然是百乐门。那时的百乐门鹤立鸡群，周围的建筑物无一高过它。每当霓虹亮起，它的光环可以照耀到一里以外，上海的夜也便在这暗绿色的灯光下，开始了新一波的喧腾。呼应着外滩的十里洋场，百乐门的夜夜笙歌像倩女的媚笑，令人心旌摇荡。

每个夜晚，几百辆豪华轿车停在百乐门四周的各条马路上，每辆车都有自己的编号。客人即将离开时，号码便在9米高的银光塔上用彩灯显示出来，司机看到是自家车的号码便把车开过来。彼时，各界名流都时常光顾百乐门。在长长的车流中，眼尖的迎宾总能辨别出哪一辆是政要的专车，哪一辆是富贾的座驾，哪一辆又是文人的代步。相传，陈香梅与陈纳德的订婚仪式也在此举行。卓别林夫妇访问上海时，也曾慕名到访百乐门。对当时的人们来说，到百乐门跳舞俨然已经成为最时髦也最能体现身份的一项消遣活动。如此，百乐门也便成了精英们的聚集地。

从百乐门走出来的胡蝶、周璇、白光、李香兰、王人美、黎莉莉等舞艺超群，妙音如珠，一曲曲《玫瑰玫瑰我爱你》、《夜来香》、《夜上海》一类的歌谣点缀着旧上海的风花雪月，为多少人营造了如幻的美境，暂时抚平了他们身处乱世的心伤。这一切的背后，彰显的无不是七小姐的眼光与心胸。

几十年后的今天，百乐门已旧貌换新颜。不过，建筑的四楼仍旧是昔日风光无限的交谊舞厅。灯光亮起，经典的老歌、现场乐队的伴奏，加上高衩裙舞女的表演，让一切仿佛又回到了从前。在舞厅里，人们还能时常看到那些叱咤风云的“老克拉”们优雅地舞动着身体，在缅怀百乐门曾经的辉煌。而为这上海滩创造了这一胜景的，便是那传奇女子盛七小姐。民国时，上海滩从来不乏传奇，而盛七小姐所缔造的，是连男儿都望尘莫及的神话。

5

上海解放后，盛七小姐大抵是可以卷着大笔财产一走了之的，到台湾或者国外，像当时诸多的富商巨贾一般，依旧逍遥自在。而她却选择留在上海，或许是这大都市早已渗透进了她的心，让她再也无法离开。此时她已近不惑之年，平日里很是喜欢练笔养心。她一手漂亮的毛笔字常常得到朋友们的夸赞，前来求其墨宝的人络绎不绝。可是平静的日子并不长久，丈夫和儿子相继被打成反革命。不久，丈夫病故，儿子被发配到安徽山村，至此也断了音讯。女儿则被分配到福建工作，母女长期难得见上一面。孑然一身的盛爱颐最后被赶到一座房子的汽车间里，在那里度过了漫长而清苦的岁月。

汽车间开门便是一片菜场，一边紧邻化粪池，整日里臭气熏天，一般人尚且难以忍受，这习惯了锦衣玉食的富家千金何以能够忍得。盛爱颐没有抱怨，她淡定自若，或许，在她心里也没有什么可抱怨的了，不论这世事如何回报她。她从不开口求人，宁可节衣缩食也坚决不向他人求助。所幸，那些身在异国的亲人们还是经常主动给她帮助。其中，或许最令人深感欣慰的是，在这些帮扶的人中，也有宋子文的身影。盛爱颐没有拒绝，她平静地收下，依靠这些汇款过活。

每一天，路人都会发现一个优雅的妇人坐在路边的小板凳上，悠闲地吐着烟雾，若有似无地看着来往的行人，想着不为人知的心事。那眼神、那举止全然透露出矜持的贵族气息，令人忍不住要驻足欣赏。这样的情境，该是发生在富人区的吧，怎会出现在这熙攘的小路边上？不知情者对此甚是好奇，当得知她就是往日上海滩上呼风唤雨的盛七小姐时，好奇的人们便张大嘴巴下意识地点了点头。

繁华皆落尽，伊人独憔悴。但是，上海的名媛圈内并不缺乏富有正义感之人，她们在共同的困境中相互扶持，留给后人许多感动与赞叹。这当中最值得一提的就是曾国藩的外孙女聂其璧，她也是盛爱颐的外甥女。在当时，聂其璧一家还未受迫害，在政界还有一定的话语权。得知盛爱颐的状况后，聂其璧挺身而出为其寻求更加公正的待遇。适逢一日，盛爱颐的女儿庄元贞返沪探望母亲，聂其璧用一周只能用一天的公家汽车专程送母女二人到上海市委统战部讨个说法。只可惜当日统战部部长不在，怒气冲冲的聂其璧只好带着她们转战市侨联。只是，当下的盛爱颐似乎更习惯于冷观时局，随遇而安。她不再计较许多，也没必要再去计较那么多，该经历的她都已经历了。在聂其璧的帮助下，盛爱颐的生活多少得到了改善，她的女儿也终于职迁上海回到了她的身边。在患难中，能有如此之人对她施以援手，也可得见七小姐当年亦是有情人，如若不是这般，怎会有如此多的挚友。晚年，盛爱颐疾病缠身，宋庆龄也曾叫专人从北京前去上海探望，这也足见盛宋两家的情谊并不因时势的变化而变味。

倘若你仅仅囿于七小姐与宋子文那段未结果的爱恋来估量盛宋两家的关系，那就是只见树木，不见森林了。宋子文之所以能够进入盛府担任教职，其渊源要追溯到宋子文的母亲倪桂珍。早年间，倪桂珍曾在盛家当养娘，与盛府的关系十分亲密。这也就是宋子文能够出任盛宣怀四子盛恩颐英文秘书，姐姐宋霭龄能够进盛府当家庭教师的原因所在。后来，在宋霭龄丈夫孔祥熙的提携下，盛宣怀七子盛升颐当上了苏浙皖统税局的局长，掌管着江南一带的税政大权。锦上添花容易，雪中送炭难。且盛宋两家的互相扶持还一直延续到了宋子文与七小姐交恶以后。抗日战争期间，盛宣怀的孙子盛毓度曾在日本领事馆里担任秘书，虽则如此，身处敌营的盛毓度还营救过不少国民党人士，这当中就包括国民党要人戴笠。因此，在被当作敌伪人员关押审查时，盛毓度自觉很冤枉。但是此时戴笠已死，无人能替他说话，他是有口难辩。没办法，为了保全盛毓度，盛家只好求助于当时已是国民政府行政院院长的宋子文。当然，盛家也懂人微言轻的道理，说情的重任便落到了盛七小姐的肩上。七小姐硬着头皮一个电话过去，宋子文便爽快地答应了。第二天，盛毓度就安然无恙地回到了盛府。

盛家对宋家是心怀感恩之情的，即便是心高气傲的盛七小姐在接受了宋子文的多次帮助后，深藏的恨意大抵也已消解。并且，她也明白，她是爱着他的，至少曾经的那份浓烈已经在她的心上狠狠地烙下了一个印记，这感情经时间的冲刷或许会渐渐转淡，却不可能消失得了无踪迹。于宋子文，当然亦是如此，他对七小姐不间断的关心与帮助，外人见了也要生出几分感动，七小姐应是不免心存温暖感激的。但是，有一点是很多人并未洞见的。宋子文一直没有送还金叶子，这不但是因为宋子文像七小姐一样，认为多一事不如少一事，而且是有意留着这一联系二人的纽带，令双方都没能将彼此断绝得干干净净。这份隐秘的心思，七小姐想必也是意有所会的。

在汽车间度过的最后岁月，对盛爱颐已经不再是一种羞辱与折磨，而成为一种沉淀与安定。生如夏花之绚烂，死如秋叶之静美，将盛爱颐的跌宕人生描绘成一幅画卷，此情此景怕是最恰当不过的。83 岁时，她安然离世，临终时的她一身洁净，面容安详。繁华落尽，余下的便是安静与淡然。有谁能如此，生于显赫之家，等待心上人多年而最终草草嫁人，却也能过得娴静恬淡？有谁能如此，在一个还算封建的时代里，去与世俗的观念抗衡，争取自己作为女子的权利？又有谁，能如此这般撑起上海滩娱乐界的一片天？其实，能经历凡此种种之人，是真的能够看淡人生了。该经历的人生各重天，她都已领略，也只有在这样的岁月之后，她即使是在厕所旁的小屋居住，依然能怡然自得。这份参透世事的淡然，不是每个女子都能有的。也只有经历过传奇和谱写过神话的奇女子，才能担当得起这一切。

情多累美人

——王映霞

1

“你情愿做一个家庭的奴隶吗？你还是情愿做一个自由的女王？你的生活尽可以独立，你的自由，绝不应该就这样地轻轻抛弃。”郁达夫在追求杭州美人王映霞时于书信中如是说。她本来是坚决地拒绝了他的，然而郁达夫那极富文人气息的“生命的冒险”，彻底打动了她。

这世上，有的女子热衷于家庭主妇“日之夕矣，羊牛下来”的生活，而有的女子从中却只能感到无尽的繁琐与虚耗。她们以为自己终生都是要轻盈地舞蹈着，要将美颜展现在众人面前的，而无法忍受那梦幻中的生活为家中琐事拖累，无法忍受青春容颜埋没在循环无趣的日常生活里。王映霞正是这后一种人。文人看到了这一点，遂许以她独立自由的生活。这样比较起来，其时身上的婚约似乎在文人的浪漫与妙笔面前黯淡了许多。

他们便各自怀着独立自由的憧憬轰轰烈烈地走到了一起。郁达夫写与王映霞的诗句曰：

朝来风色暗高楼，偕隐名山誓白头。

好事只愁天妒我，为君先买五湖舟。

自古以来，江南山水最是温柔之地，似乎只有这里方可寻得“垆边人似月，皓腕凝霜雪”。郁达夫想着，范蠡当年可乘轻舟与西施泛于五湖，今日我竟得美人之芳心，亦当有五湖舟，效当年之美事。当初周密在国破家亡之时作词道：“鉴曲寒沙，茂林烟草，俯仰千古悠悠。岁华晚、漂零渐远，谁念我、同载五湖舟。”便是感叹乱世之中独自飘零，无由寻得知心人一起避世隐居。而今日亦是烽烟乱世，却可携美人乐山乐水，成就一番人间仙境，岂非此生之幸事哉？郁达夫彼时做着文人的幻梦，真有些得意的气色了。柳亚子把他们二人誉为“富春江上神仙侣”。

他们在上海住了几年之后便搬回杭州了，这其中有很大一部分因素当真是为了美人的。且在郁达夫的心中，杭州是千古以来文人隐居逍遥之胜地。白居易早就道出他的心声了：“江南好，最忆是杭州。山寺月中寻桂子，郡亭枕上看潮头。何日更重游？”

他们在杭州建造起自己的住所，郁达夫名之为“风雨茅庐”，想来这名字所取大约是与杜甫《茅屋为秋风所破歌》有关。诗人彼时在风雨袭来之时无可避之处，而他一生中唯有在成都自己建造起草堂之时最为开心。乱世之中无力拯救天下苍生，不如建起个世外桃源，好安稳地做些自己的事情，避一避急风暴雨。

郁达夫将“风雨茅庐”设计成古时江浙私家园林的样子，有屋有院，亦筑了回廊和影墙、假山和林木，又沾了西湖的气色，幽雅别致，倒真是人间另一番景象了。对于郁达夫来说，风雨茅庐又不仅仅是赏景休憩之所，他将收藏的书籍都放置其中，日日读书、写字。自搬入这新的院落，郁达夫深居简出，确实是过了一段安宁的生活，心无旁骛地做着他的文人梦。

作为这个院落的女主人，王映霞本来对于郁达夫这个作家所支撑起的家境倒是极满意的。她后来在回忆录中曾不无欢愉地说道："每月的开支为银洋二百元，折合白米二十多石，可说是中等以上的家庭了。其中一百元用之于吃。物价便宜，银洋一元可以买一只大甲鱼，也可以买六十个鸡蛋，我家比鲁迅家吃得好。"

然而其实她是并不喜欢这份文人的清静的。古时诗人都喜自己在作诗读文时，身旁有美人侍奉，为之红袖添香。那美人该当总是静默地微笑站在一旁，等待着他们的召唤的。郁达夫亦不能不如是想象着自己身旁的这个女子。然而她却偏生不是这般温顺的、木偶似的人，她天生喜欢热闹，喜欢那觥筹交错、无所顾忌的场合，喜欢凭着自己的美貌在众人面前大出风头，享尽众人的喝彩。之于她，两个人的世外桃源是寂寞无趣的。

王映霞遂将风雨茅庐开辟成一个新的乐园。这里门庭大开，杭州社交界的名人纷纷前来，每日里人来人往，欢笑喧闹声不绝于耳。她是这里的女主人，是这社交场合的中心。这才是她一直以来梦寐以求的世界。

2

风雨茅庐自此已全然偏离了郁达夫想象中的样子，郁达夫无法习惯每日被喧嚣的筵席与各色客人围绕的生活，终于在不久之后，他应福建省主席陈仪之邀南下任省政府参议去了。这是他与王映霞自结婚以来的第一次分离，亦正是这一次，成了二人稳定婚姻出现裂纹的开始。自此以后郁达夫与王映霞这对昔日的神仙眷侣，开始经历多处奔波与分分合合，且最终逃不开彻底分离的婚姻悲剧的命运。

王映霞从来都不是一个甘于寂寞的人。此时虽丈夫不在身边，然而每日周旋于社交宴会之中，与这社交场中的各色人物相伴，正是她最兴奋的时候。在这段时间中，时任浙江省教育厅厅长的许绍棣，亦成为风雨茅庐之中的常客。他本是郁达夫在日本读书期间所结识的朋友，对于风雨茅庐的建造亦曾为郁氏夫妇提供过莫大的帮助。许绍棣本来就对王映霞十分青睐，趁着郁达夫远行福建的机会，他与王映霞的关系更为亲密了。

有关他们的传言愈演愈烈，终于传到郁达夫耳中。郁达夫至庙中求签，签中却有一句道是“鸣鸠已占凤凰巢”，这给了他一个强烈的心理暗示，令他认定自己的妻子已然是红杏出墙。郁达夫忧心忡忡地回到了杭州。从这时开始，以至于郁达夫的整整一生，他都认定了王映霞的“劣行”从未改变过。这文人式的偏执几乎成了此后每一次夫妻吵架的起因，尽管实际上在当时郁达夫回到杭州以后，王映霞已与许绍棣断绝了关系。

郁达夫曾询问过王映霞的选择，是随他奔赴武汉，还是留下来选择许绍棣。然而对于妻子最终的选择，郁达夫在心底却坚持认为，这个时候许绍棣又有了新欢，所以王映霞才跟他走，随他到武汉去了。这成了他心中一个永远的结，直至多年后他们二人离婚，郁达夫还在给友人的信中提到，王映霞已与自己完全脱离关系，早已于前月返国。此后之生活行动，将两不相涉。所以，他只盼望她能好好过，重新做人。若一误再误，那就等于他郁达夫杀伯仁了。

若是简单的争吵或许未必会引发最终那不可挽回的局面，但是在这整个过程中，文人处事感情用事且易爆发得歇斯底里的性格特点暴露无遗。在武汉期间，郁达夫有一次曾发现许绍棣写给王映霞的三封情书，这一次他们的争吵是特别激烈的。就在这件事情发生的当天晚上，王映霞离家出走，而郁达夫独自留在家中，他一时激动，提笔在王映霞洗晾的纱衫上写下这样几个大字："下堂妾王氏改嫁前之遗留品。"第二天，他竟在《大公报》上刊登了这样一条启事："王映霞女士鉴：乱世男女离合，本属寻常，汝与某君之关系，及携去细软衣饰、现银、款项、契据等，都不成问题，惟汝母及小孩想念甚殷，乞告以地址。"这便是向世人昭告了王映霞的婚外情，一时间闹得满城风雨。

后来在友人的调解之下，二人暂时言归于好，王映霞写了不公开的悔过书，而郁达夫再次登报声明这次事件是自己精神失常所致，以保全妻子的名声。然而在王映霞心中，郁达夫这一时冲动不经考虑的行为，早已令自尊心极强的她颜面无存，这是并非一份欲盖弥彰的声明即能弥补的创伤。

更何况，经历了此次事件，王映霞完全明白了郁达夫对她的态度。从一开始结婚时起，王映霞就很在乎她的名分问题，她一直希望郁达夫能够与孙荃离婚。然而这么多年来，郁达夫对于这件事情一再拖延，显出了极为暧昧的态度。这本来就令王映霞有些耿耿于怀了。而郁达夫尚在杭州之时，曾作一诗与王映霞，末句道"题诗报与朝云道，玉局参禅兴正赊"。朝云是东坡的小妾，亦姓王，亦是杭州人，而这名字后来便成了文人侍妾的代名词。郁达夫以朝云来比王映霞，正是有意无意地将她视作侍妾了。

郁母七十大寿，郁达夫带王映霞回富阳老家拜贺。寿堂前郁母高坐，原定由各门夫妻依次拜贺的，郁母临时改了主意，男女各自为伙分开，从大房到小房依次来拜。郁达夫共兄弟三人，他排行老三。轮到小房媳妇时，王映霞刚欲上前跪拜，孙荃见状从左侧快步插入，抢在王映霞之前拜了婆婆。郁母见孙荃拜过了，也就起身以示拜寿结束。郁母及孙荃的态度令王映霞无法容忍。“下堂妾”这几个字，则只是更加明白地将郁达夫那潜意识中的想法发泄出来罢了。更何况在登报一事中，郁达夫对于王映霞丝毫没有尊重的想法，王映霞本人对此已看得极明白了。而这些中伤对于她来说似乎比两人感情的破裂更为严重，这是她更加无法忍受的。

郁达夫为了彻底斩断王映霞和他人的暧昧关系，就接受了新加坡《星州日报》的聘约，带王映霞远赴南洋。然而在一次争吵之后，郁达夫将有着详注的 19 首诗和 1 首词集成一组《毁家诗纪》交予香港《大风》旬刊，他竟不索取稿费而只求发表。这组诗公开了他们婚变的内幕以及王映霞红杏出墙的艳事，这实际正成了二人离婚最关键的因素。

经历了这样的事情，王映霞不愿再为此忍气吞声，下定了离开郁达夫的决心。她如何可能继续维持这破裂不堪的感情而糟蹋自己的自尊。后来郁达夫曾写诗给王映霞想挽回她，然而王映霞再没有为这言语而感动了。

她彼时是真正明白，她曾经为了这段感情，为了郁达夫那文人的想象，委屈了自己太多。她毕竟不是那古典诗中静默的无灵魂的美人，从来都不是。倒是郁达夫，他渐渐在生活之中感到某些与自己想象不合的地方，很是不满。一个诗人，如果他在历史里，那他便是一个仙人；如果不幸他就住在你家楼上，那他便是一个不可理喻的人。与富有诗人气质的郁达夫朝夕相处，她深刻体会了个中滋味。王映霞曾让郁达夫写下“保证书”与“版权赠予书”给自己，只为了给自己谋一个保障。然而，郁达夫却因此对王映霞产生了很不好的印象，他觉得王映霞把金钱、物质看得比什么都重，是一个未脱尽世俗的女子，于是“幻灭的悲哀”涌上了心头。

他却不明白，王映霞其实就是这样一个有着真实的血肉、有着现实的诉求的女子，她所想要的是追求自己真正完全自由的享乐，而不是历来文人玩弄的一个木偶。郁达夫当日所许诺的“你的生活尽可以独立，你的自由，绝不应该就这样地轻轻抛弃”，其实是永远无法去为她实现的。她发现了这一点，所以她从来不放弃的是自己去追求这享乐，有时在世人眼中或许是逾越了某些界限的，然而，这才是真正的勇敢的王映霞。

3

说起来，郁达夫与戴笠有着颇深的渊源。郁达夫原籍浙江富阳，戴笠的家乡是浙江江山。郁达夫就读的杭州府中学堂，就是后来戴笠入读的杭州省立第一中学。两人算是老乡兼校友，不同的是，一个是“文人”，一个是“武夫”。在当时动荡的年代，人们交往是极看重老乡同学情分的。

时值戴笠在杭州举办特务训练班，他因生病不得不继续留在杭州静养。当他得知郁达夫的“风雨茅庐”之后，便迫不及待地去赴宴。戴笠年少时颇有些无赖形象，吃喝嫖赌样样都干。他就是靠着自己的这般本事与小聪明，混到了蒋介石的头号特务。“风雨茅庐”在杭州的名气，于戴笠这般有身份之人是不可能不去的地方。在这里，他也领略到了这杭州第一美人的盛情。

戴笠的好色不在话下，与他相交一二的人莫不熟知。人都说，朋友妻不可欺，他却是连朋友妻也不放过的。但是这等人物来家里，郁达夫也不得不款待。更何况二人还有着同乡校友的情分在里面，不接待是说不过去的。

王映霞本就是社交好手，她似乎是专为愉悦人而生的。她在宾客之间周旋，在觥筹交错之中显得更加娇艳动人。戴笠当然也难以抵挡这样的诱惑。第一次造访，发现了王美人的风姿绰约后，他便再也无法将目光移开了。一番觥筹交错后，众人渐渐离去，戴笠也在酒醉中不舍地晃晃悠悠而去。“醉翁之意不在酒”，此后，戴笠成了这里的座上宾，频频光顾。

这一次，戴笠与郁达夫等几位友人畅饮叙谈。王映霞便忙碌起来，一边招呼厨房，一边不断地给几位斟酒倒茶。戴笠却是心不在焉，总是盯着王映霞的身影，不住地找借口夸赞王映霞不但人生得美，菜也做得好，还说郁达夫真是有福之人。王映霞对这夸赞很是受用，乐得为这帮人忙前跑后，她就喜欢这般热闹。酒足饭饱之后，戴笠故作突然状，从口袋中摸出钱：“你看我差点忘了，尊夫人忙活一晚真是辛苦了，这么好的酒菜我理当感谢厨子不是！”说着将不少的赏钱塞给了王映霞。得到夸赞和奖赏，王映霞自是喜不自胜，倒是郁达夫有些尴尬起来。如此三番五次的厚赠，甚至当郁达夫赴福州任福建省政府参议后，戴笠还派人千里迢迢地将自己珍藏的贵妃酒追踪送到了福州。这样的殷勤不免引起了郁达夫的怀疑。

彼时的王映霞，刚刚与丈夫因为许绍棣之事闹矛盾后重归于好。虽然心里对郁达夫有了芥蒂，但是想到这份不容易的结合自己必是要好好珍惜才是。面对戴笠的示好，她断断是不可有所回应的。话又说回来，王映霞本是生性爽朗、热情，喜好交际之人，对来访的宾客似乎都很乐于与之交往，谈天说地，对戴笠也不例外，她总是不愿与人产生不睦。这在郁达夫看来，就是“本性难移”，就是对自己的不尊重。郁达夫这般性情，心里有的必会说出才能罢休，于是又开始对王映霞有了怀疑。夫妇之间最怕嫌隙，一旦有之，便很难再弥补，于是也就不会再有好时日了。

再次陷入凌乱的生活争吵中，王映霞痛苦不堪。此时戴笠还是暗地里不断地给予她关怀帮助，这种剪不断理还乱的体贴，对一个身心俱疲的弱女子来说，就是织就的一张温暖的网，极容易让人想躺下来歇息片刻。就在这一方的猜忌，另一方的万般吸引下，她毫不设防地投向了戴笠。多年后，郁王二人的好友回忆起当年王映霞生活的点滴时，也证明了两人的交往。

据王映霞的好友符竹因的丈夫汪静之回忆，两家在武汉做邻居时，有一次，郁达夫随政府慰劳团到前线劳军，一天王映霞来找他的妻子符竹因，说是自己意外怀孕，战乱时期怀着孕行动极其不便，央求符竹因能够说服丈夫汪静之陪同她去打胎。因为医院有规定，这事必须丈夫陪同才可。汪静之夫妇答应了下来，第二天汪静之便陪她去了医院。过了一些时日，汪静之到郁达夫家探望，却被告知王映霞没有回家，被一辆小轿车接走一直未归。第二天汪静之再去探望，王映霞一脸幸福状地跟他畅谈戴笠家资多么殷厚，再加上正值郁达夫不在的情况下王映霞去打胎的联想，于是汪静之夫妇就起了疑心。但是转念一想，戴笠乃狠毒之人，郁达夫又性情直率，若知道了必定大闹不已，这对郁达夫是极不利的，所以他们就再也没有提及此事。

就这样，王映霞与戴笠，就像一团氤氲着异样气味的空气，笼罩在郁达夫周围，成了一个没有证据的谜。愈是谜，人愈是急切去解开。仔细想来，那时的王映霞与郁达夫也已走到了婚姻的边缘，戴笠只不过促成其分裂罢了。才子佳人自古便是绝配，只是到了如此乱世，这样的“神话”才被改变了。郁达夫是一个拥有明显优点，也有明显缺点的人，他很爱国家，对朋友也很热心，但做人处事过于冲动。他不是什么圣人，只是一名文人。面对这样一个郁达夫，王映霞触到了一个有血有肉的真实人儿，她曾经也爱他爱得海誓山盟。但佳人多半娇嫩如水仙，需要心胸豁达之人去精心呵护，郁达夫不懂，他的文人情怀终也是做不到的。

与之相较，戴笠似乎天生具有这般赢得女人芳心的本领。我们暂且相信，王美人对戴笠也是有过倾慕之心的吧，但是女子总归还是愿意经营好婚姻。后来，王映霞随郁达夫远赴南洋，没过多久，她发现，这样的牺牲也不能填平两人之间的鸿沟，这鸿沟，实乃是两人的性情、自我，还有那再也不曾有的“信任”。再后来发生的一切，使两个性情中人彻底决裂，谁都不想决裂，但终归也是放不下自己来成全对方的任性。人在愤怒时容易失去理智，尤其是王映霞这样的性情女子，她也曾因忍受不了郁达夫的猜忌大骂过他。没有爱便没有恨，当初王映霞对郁达夫是倾注了满腔热血的，只是没想到最后会这样。王映霞只身回国，途中刊出了离婚启事。自此，曾经的一对神仙眷侣劳燕分飞了。当戴笠闻之此事时，还颇有感触地说了一句：“没想到富春江上的神仙伴侣，如今竟也反目成仇。看来女人都是些水性杨花，靠不住的。”话语中似乎有些幸灾乐祸的意味。对这个自己曾经也倾注了感情的男人，不知道那个勇敢寻爱的王美人听了会有何感想。

4

就在王映霞离婚后准备启程回国之际，郁达夫说自己曾在南天酒楼为她饯别，还写了两首小诗——《南天酒楼饯别映霞两首》相赠。但王映霞却在其回忆文章中否认了郁达夫的这个说法，她只是提到郁达夫派报社同事送来两百块钱的路费，因为他知道自己身上分文没有。对于饯行赠诗一事是真是假我们也无从考证，但王映霞当时的遭遇处境是很显然的。

时年王映霞已32岁，她把女人一生中最美好的青春年华都留给了郁达夫。在这样一个不再被视为美好和珍贵的年龄，离婚是需要巨大的勇气和决心的。她连回去的路费都没有，未来的人生又将会飘向何方？这时的王映霞应该是最无助的了。临行前一天，王映霞独自到学校去把儿子郁飞接出来看了一场电影，作为临行前母子的告别。她告诉儿子明天自己将要离开，要儿子以后学会照顾自己，由此不难看出当时的王映霞是极为心酸的。

曾经为爱追逐，为情痴狂，到头来都化为了一场过眼烟云。有说法说女人是男人身上的一根肋骨，如今这根“肋骨”要离开“身体”独自前行了。

王映霞回到了重庆。生活依旧漂泊，尤其现如今她已是孤身一人，更是有些凄苦的。女人若要不受男人的牵连与羁绊，重要的便是经济独立。这让我们想起近代文坛的另一女子——苏青。当苏青开口向丈夫讨钱时，丈夫的一句“你又不是没有手，不会自己去赚吗？”狠狠地刺伤了她，生性好强的苏青在结婚十年之际与丈夫离婚，独自带着三个孩子讨生活。这样的艰难最后也将她逼成了一位成功女性。围城其实是两个人的“战争”，势均力敌方可安然无事，有一方势单力薄，平衡被打破后，婚姻关系也将难以维系。自古红颜多薄命，仔细想来，多半也是因为红颜们总要把人生命运过多地寄托在男人身上，困顿之中总幻想自己的英雄横空出世，不料英雄也许气短，反误了卿卿性命。离婚后的王映霞，已不再是那个等待被拯救的女子了，她要自己拯救自己。

王映霞托关系找了一份在妇女指导委员会保育院做保育员的工作，后又出任军事委员会特检处秘书，随即到外交部担任文书科科员。王映霞在重庆的工作和生活也时常得戴笠的鼎力相助。这或许是如今的王映霞之聪明所在吧，巧借“英雄”势力一用，但不再轻易为“英雄”放弃自我。其间对于两人的关系也有人议论，王映霞与戴笠之间的情感外人终究无法说清，这或许正是人性的复杂与弱点所在。在外交部担任文书科科员上班的第一天，她刻意打扮了一番，一身凹凸有致的花色旗袍，足登三寸高跟皮鞋，加上她那白皙的皮肤，当她窈窕地走进办公室时，还是把周围人惊呆了。青春不再，红颜易老，自己必须很好地把握犹存的风韵，还要尽量摆脱“郁达夫弃妇”的影子才能生活下去。于是她努力重塑淑女形象，悉心于衣着和化妆，谨言慎行，提高修养，不久，经过精心准备，她又重在社交界抛头露面。她凭自己的家世、学识、美艳、机敏，还有岁月的磨炼，已然成为人情练达的魅力女性。再加上戴笠的撑腰，真是左右逢源，日子过得顺风顺水。

相较之下，有着文人忧郁情结的郁达夫便没那么幸运了。他先是爱上了同在新加坡工作的李筱英，但因儿子的反对无疾而终。太平洋战争爆发后，他辗转到了印尼，娶了华侨少女何丽有。但在日本投降后不久，他却在苏门答腊岛被暗杀了。他的死，至今仍是个谜。

富春江上的神仙眷侣，已少一人，不知剩下的那一人，是否能够寿终正寝？

5

在山城，王映霞仍是交际名媛，她经常出入上流社会交际场合，也结识了不少名贵。其中有一位民国时期的政界要员王正廷，他对这个女子还是颇赏识的。王正廷有个得意门生钟贤道，时年 34 岁，正好也未婚。钟贤道拥有不错的权位，品性相貌也出众，与王映霞似乎很相称，于是王正廷也乐得给两人做媒。

有时，王映霞自觉还是应该感激郁达夫的，如果不是他给予自己的这些经历，她是断然不会嫁与这样一个男人的。他正派、朴实，却不会让你浮想联翩，唤起你的浪漫。郁达夫是可以做很好的朋友的，他正直热情，但是断不可以成为夫妻。正如王映霞晚年所说的："对于婚姻，对于女子的嫁人，那中间的辛酸，我尝够了，我看得比大炮炮弹还来得害怕。我可以用全生命全人格来担保，我的一生，是决不发生那第二次痛苦。"所以当时对于再婚，她既不要名士，也不要达官，只希望一个老老实实，没有家室，身体健康，能以正式原配夫人之礼待她的男子。是的，钟贤道给了她这一切，一种人间烟火中的踏实。他对王映霞说："我懂得怎样把你已经失去的年华找回来。请你相信我。"王映霞终于迈出了这一步，她知道，这一次，她的选择应该是对的。上天不会那么苛待她。

王映霞与钟贤道的婚礼是非常排场的，宴客三日，当时诸多当红影星也前来赴宴，场面富丽堂皇。重庆的中央电影制片厂还为他们拍摄了新闻纪录片，各大报纸还刊登了他们的结婚照。想来钟贤道还是很重视与王映霞的结合的。后来王映霞回忆时说道：“我始终觉得，结婚仪式的隆重与否，关系到婚后的精神面貌至巨。”这场婚礼山城重庆为之轰动，有人戏称“钟贤道拐了个大美人！”在很多人看来，钟贤道能娶到王映霞，多少有些捡了便宜的意思。钟贤道虽也有权势，但相对入不了名人雅士的行列，但因为王映霞，他便被从众人中拖了出来。不管局外人怎么说，王映霞这次算是嫁对了人。

钟贤道对王映霞是非常体贴的，婚后就让王映霞辞去了工作在家做起了全职太太。这样的日子便是最寻常的家庭生活了。但在以前，郁达夫是不能给予她的。王映霞每天做做家务，“三日入厨房，洗手做羹汤”。后来，他们有了一子一女，嘉陵和嘉利，她的生活又有了新的作为，照顾孩子成长，相夫教子。

生于乱世之中，总是不可避免地遭遇不测，就看你有没有顽强的意志，坚持到最后。

解放战争期间，大多达官显贵预测未来时局要有大变化，都纷纷逃往台湾。钟贤道本来也买好了机票，但最后一刻却留了下来。解放后，钟贤道到上海航联保险公司工作，虽然收入降低，但生活还是比较安定的。直到后来的“三反五反”运动中，由于曾经职业的关系，钟贤道自是脱不了干系。他被怀疑贪污受贿而抓了起来。王映霞带着一双未成年的儿女为丈夫四处奔波，希望能够将丈夫救出。几经周折，经调查取证后被证实这是虚情，钟贤道算是洗清了罪名。

后来还有一次，一伙人突然闯进了王映霞家，硬生生把她带到了警察局，因为怀疑她在重庆外交部工作时曾参加过国民党。

后来事情终于水落石出，她被释放回家。就在这段被关押的时日中，钟贤道心急如焚，不断地探视、送物，四处托人打听。王映霞被释放的那一天，钟贤道还在锦江饭店开了个房间让她安心静养。为了让她彻底放松，还带她去外地旅行。钟贤道对王映霞无微不至，慷慨大方，但对自己却很节俭，他不抽烟不喝酒，穿的衣服都是家里最旧的，上世纪 70 年代时，他给自己买的帽子也仅是五毛钱的便宜货。

晚年，王映霞对外人讲述时还曾说过，钟贤道是个厚道人、正派人，共同生活了三十多年，钟贤道给了她许多温暖和幸福。对家庭来说，他实在是一位好丈夫、好父亲、好祖父、好外公。

当浩劫再次来临，他们又一次被卷入其中。在“文革”的狂热中，王映霞和钟贤道都没能幸免。因为郁达夫，王映霞被当作“反动、黄色作家的老婆”受批斗，吃尽了苦头。抄家、隔离、批斗……王映霞在学校一边受审查，一边当油漆工，还当清洁工打扫厕所，为串联的红卫兵洗被子。在这段艰难的时日里，她也曾偷偷落泪。不知此时的她，是否曾埋怨过郁达夫？这个未曾给过她安稳，却一直在给她带来伤痛的人？那段时期很艰难，好在他们都挺了过来。或许这段岁月，对于曾历经人世风云的王映霞来说，已算不得什么了，因为当年的历练，她已不再视这些如苦楚了。

他们终于迎来了浩劫的结束。由于受到精神和身体的双重打击，钟贤道的身体开始变坏，王映霞悉心地照顾着他。没几年，相濡以沫多年的丈夫钟贤道还是离她而去了。这个给了她尘世幸福的平凡男人，虽没有留给她太多的故事，但却和她共同经历了生活的风雨，给予了她未曾品尝过的甜蜜，相互扶持，平淡度日。女子多半如此，在未经历世事之前，总还是渴望浪漫的。如若一开始钟贤道就出现在她的身旁，愿意与她平淡厮守，她应是不会如此感恩的。

晚年，王映霞跟随女儿居住在杭州那个倾注了她最多心意的地方。2000 年 2 月，这位活了将近一个世纪的“杭州第一美女”，在美丽的西子湖畔驾鹤西去了，之后，与钟贤道合葬在了杭州南山公墓。

低到尘埃，高到盛放

——张爱玲

1

在有月亮的晚上，淡淡的月光满溢着清辉，亦如贝多芬当年散步的那个夜晚，月光皎洁，夜空中有银色和蓝色的美丽。然而，这份美丽背后总透着些许遥远的苍凉，与太阳相比，终缺少了一份炽热与温暖。张爱玲，这个被誉为上海滩“三十年代的月亮”的奇女子，就度过了一个只有“月亮”的童年，这给她的一生也涂上了一层苍凉的底色。

1920 年，民国九年。旧的时代已然逝去，新的时代还未建立，世人习惯称之为“乱世”。乱世是出“英雄”的时代，“英雄”并不都是刀光剑影的。就如张爱玲，她靠着一颗智慧的心，参透世事的虚无，成了“乱世佳人”。9 月 30 日这一天，在旧上海租界里，一个小女孩的诞生划破了这个家的宁静。或许，她的降生，就是一个注定要成为传奇的传奇。

“烟笼寒水月笼沙，夜泊秦淮近酒家。商女不知亡国恨，隔江犹唱后庭花。”3 岁的时候，张爱玲就站在清朝遗老五爷爷面前，摇头晃脑地背诵杜牧的《泊秦淮》。祖父张佩纶，乃一介满怀政治抱负与民族热情的士大夫，曾对李鸿章一派多有抨击，也遭遇了种种诬陷与贬谪。归京后，李鸿章爱其才，不记恨当年张佩纶对自己的抨击，将 23 岁的大女儿李菊耦嫁与张佩纶，还给了南京一套大别墅作为嫁妆。张佩纶虽是一介贫官，但有夫人的丰厚陪嫁，日子也倒过得富足安详。但在当时的社会，张佩纶这样一个怀揣政治抱负的热血青年，怎能安于现实了此一生呢？他经常借酒浇愁，50 多岁便因肝病而亡，祖母李菊耦 38 岁便守了寡。

父亲张廷重就出生在这样一个没落的名门望族。张爱玲的母亲黄逸梵的祖父黄翼升，是清末长江七省水师提督，家世显赫。遥想当年，李鸿章的外孙迎娶黄军门的孙女，一定也是风光无限！“郎才女貌，有钱有闲，有儿有女，有汽车，有司机，有好几个烧饭打杂的佣人”，她的童年本应该是这般无忧无虑、丰衣足食下去，可命运却是无法预料的。

乱世加末世，似乎很多公子哥儿喜欢享受这日落前的“回光返照”，尽情地挥霍祖产，去听戏、赌钱、吸大烟、嫖妓、娶好几房姨太太……张廷重就是这样一个纨绔子弟。新旧交替的时代，他没赶上祖父辈的铿锵有为，也还不具备新时代人的慷慨激昂。在张爱玲的童年里，只有烟雾缭绕的黄昏，父亲躺在大烟炕上与继母吞云吐雾。与父亲相比，母亲黄逸梵算得上一个超凡脱俗的女子。童年时代，母亲是她的精神偶像，一个清冽而执着的人。黄逸梵虽也出身名门，但为黄家的妾所生，属于庶出，父母又早亡，黄逸梵也尝过人世辛酸，骨子里充满了好强心。后来她漂洋过海，辗转多国，西洋画、钢琴、唱歌、诗文，样样精通。一双小脚的她，曾在瑞士阿尔卑斯山飞一样地滑雪，游历印度做了尼赫鲁两个姐姐的社交秘书……一个飞扬、轻盈的希腊式风情的女子，如何受得了这样一个丈夫？两人的婚姻几度摇摇欲坠，最后终于分崩离析。这样的童年家世，在无形中影响着张爱玲的人生观念，她其后的经历及所为，与此是有很大关联的。

后来，父亲依靠堂伯父的关系在津浦铁路局谋了个英文秘书的职务，这样的闲职似乎是专门为他这样的人而设的。父亲依然吸鸦片、嫖娼，与姨太太打架，弄得自己声名狼藉，堂伯父也受牵连被革职，父亲于是丢了工作。或许是父亲从小未受过打击的缘故吧，丢工作这件事竟让他耿耿于怀，对自己的无聊人生有了一丝悔过，他决定从婚姻做起，挽回妻子，挽回家庭。于是，他用自己的旧式才情赋诗一首，寄予远在英伦的妻子："才听津门金甲鸣，又闻塞上鼓鼙声。书生自愧拥书城，两字平安报与卿。"淡淡的相思之情唤回了妻子，黄逸梵怀揣十八般才艺飘然回国。

她教小爱玲读书、画画、弹钢琴，她要让女儿上新式学校接受教育，她要把女儿打造成一个西洋式新女性——那也是她理想中的自己。而纨绔子弟的父亲却"大闹着不依"，他觉得自己从小就读私塾长大，不也一样文采韬略，为何要接受洋鬼子的玩意儿。于是母亲"像拐卖人贩子"一样把她硬是送进了学校。后来，父亲依然我行我素，俨然忘却了当初与妻子和好时的诺言，母亲彻底绝望地离了婚。再后来，父亲就给她娶了继母。

一次，母亲回国，张爱玲去看望。走的时候告诉了父亲一声，未跟继母打招呼。一回来，继母就对着她开骂，还打了她一巴掌。张爱玲拿手去挡，继母却说她要打自己，于是跑上楼向父亲告状。父亲向来是宠爱又惧怕继母的，不问青红皂白，下楼来对张爱玲就是一阵拳打脚踢，直到打得她倒地不起还不罢手。幸亏用人不顾一切去把父亲拉开，她才没有真的被打死。当时的张爱玲感觉绝望极了，爬起来欲要逃跑时，却被父亲抓住，关了禁闭。舅舅和姑姑得知情况前来说情，继母却在一旁添油加醋地说张爱玲和这一家人的坏话，父亲竟然还和姑姑打了起来。

姑姑是张爱玲生命中最可以算得上亲人的人。姑姑跟母亲有着相似的性情，早年同母亲相携远赴法国，回国后在一家洋行供职，终身未嫁。姑姑的生活是她最欣赏的，自己挣钱自己花，自己管自己，自由自在，清清静静，没有人事纠缠，是一种清爽、利落的生活。张爱玲曾有近十年的时间都是与姑姑住在一起的，两人相处融洽。姑姑和母亲，这两个新时代的女性的价值观，深深地影响了张爱玲。

张爱玲被父亲软禁在了一间空房里，不许任何人与之接触。望着孤寂的天花板，她的心在绝望中升腾起一股冷漠，这种冷漠在她后来的作品中如影随形。有一天，她得了痢疾，病一天天加重，眼看快要不行了，从小照顾她长大的老保姆见状，怕她死后自己会担责，于是劝她父亲说如果小姐真出意外，做父亲的撒手不管，以后是要挨骂的。父亲这才偷偷地背着继母给张爱玲打了几针抗生素，她才躲过了这一劫。事后这件事还被张爱玲写成文章投在当时上海有名的报纸上发表，父亲更是气愤不已，父女关系决裂。

早早地远离了母爱，与一个挥霍祖产、吸鸦片、养姨太太的专横暴虐的父亲生活在一起，早期父亲对张爱玲流露出的文学才华也表现过怜惜，但终敌不过他身上封建遗少的恶习，对儿女缺乏责任心。这样的家庭，让小爱玲从未尝过人生最温暖的感情——亲情。

在这个只有月亮的童年中，她悄悄地成长着，这成长，免不了要付出代价。

月亮外表的清辉是“花园，洋房，狗，一堆佣人，一个吸鸦片的父亲，没有母亲”，被父亲毒打，关禁闭，逃跑，被继母告状；月亮更是凄凉、冰冷、孤独的，亦如家庭、父母给张爱玲童年心灵带来的阴影。这些，都造就了后来在文学作品中我们所见到的那个冷淡、苍凉、从来都旁观漠视的张爱玲。

父母婚姻的不幸，在幼年的张爱玲心中种下了一颗“非正常”的种子。这颗种子，在她遇到那个人时便彻底破土萌发，并深深地影响着其一生的轨迹，使她终身都未拾得完满的婚姻与爱情。

张爱玲小说中经常出现反差极大的事物间赤裸裸的对比，桃红配柳绿、显赫与破败、粉红与暗灰、甜蜜与悲凉……大抵，也源于她早期生活中仍历历在目的一些繁华与落寞相交织的人与事吧。

再后来，张爱玲投奔了母亲。在母亲安排下，她参加伦敦大学入学考试，成绩很好，本打算出国，欧战爆发了。

不知道这是不是“命中注定”？总之，天才的奇女子遇上了这个乱世。这个乱世，成就了后来的传奇。

2

在张爱玲孤寂的一生中，伴随她最久、始终不离不弃的，只有写作。或许，最初的创作，只是天生的才华积蓄久了，满溢了出来。但在很多困境中，写作真真切切地成了她生活的依靠，后来这“依靠”，还绽放出了大光彩。

生平第一次赚钱是投稿的一篇漫画得了五元稿费，就像张爱玲说的那样，自己立刻去买了一支小号的丹琪唇膏。母亲埋怨她“为何不把票子留作纪念”，而她，第一次享受到了自食其力带来的满足感。后来的卖文为生，似乎有些迫不得已。要付钢琴老师的薪水，站在吸大烟的父亲面前，却得不到父亲的回答，后来干脆不去学了。跟母亲一起生活后，她以一颗孩子般童真的心，把向母亲要零花钱看作一种“亲切有味”的事，然而处于窘境中的母亲总对她发脾气。这些琐碎的“难堪”，不但毁掉了她的爱，也潜移默化地逼迫她去自食其力。

1932年，还在读初一的小爱玲发表了第一篇小说《不幸的她》。讲的是一对少女时代的密友，长大以后，一个为反抗母亲为自己订的婚姻而漂泊四方，一个自由恋爱结婚后过上了幸福的生活，十年后，两人相见，一星期后，“不幸的她”悄然离去。小说中跳跃式的叙述和对女性命运的刻画，天才的早慧与敏锐在此略见一斑。接下来，她又在校刊上发表了散文《迟暮》、《秋雨》，小说《牛》、《霸王别姬》等，虽没有成熟期的笔力，但现在的她好似一只先天优良的青苹果，只待丰盈的秋天来临。在香港大学读大一时，张爱玲在当时有名的《西风》杂志上发表了一篇《天才梦》的文章。“生命是一袭华美的袍，爬满了虱子。”年纪轻轻的她，竟也能参悟到这样的人生苍凉。“侬今葬花人笑痴，他年葬侬知是谁？”正值妙龄的黛玉，也感伤他年自己不知将魂归何处。聪慧女子总有别样性情，她们能透过重重的人生迷雾，明了将来的是是非非。

大学读了两年，香港沦陷，她不得不回到上海与姑姑同住，开始了真正的卖文为生的生活。开始她写了大量影评、剧评和散文，《中国的生活与时装》在英文月刊《二十世纪》上发表后，以其独到的视角和清丽的笔调颇受读者欢迎，稿酬也颇优越，这让她的生活开始有声有色起来。此后，她又在《二十世纪》上相继发表了《妻子、荡妇和孩童》、《鸦片战争》、《中国人的宗教》、《到底是上海人》等影评和介绍中国文化的文章，独到的见解和奇特的语言风格，让当时的上海滩耳目为之一振，她也获得了丰厚的回报。凭借自己的本事获得满意的生活，是张爱玲一直的追求，她曾自诩为“自食其力的小市民”。1943 年 5 月，她的《沉香屑 · 第一炉香》、《沉香屑 · 第二炉香》分别见诸周瘦鹃先生主编的《紫罗兰》杂志，继而，《心经》、《倾城之恋》、《金锁记》、《封锁》、《红玫瑰与白玫瑰》等作品横空出世，她成为上海滩红极一时的大才女。“出名要趁早”，张爱玲自己说的，似乎也是在说她自己，这时她正值二十三四岁的韶华，却已大红大紫。

后来，她遇见了胡兰成，这个多情又懂她的男子，他让她真正体味到了爱情的甘甜，苍凉的生命开始迸发了活力。贾宝玉说女人都是水做的，因了爱情，这水便鲜活起来。爱情让张爱玲文思泉涌，创作步入了鼎盛期。她一生中成就斐然的几部作品，都是在这一时期完成的。日本战败后，胡兰成开始了四处逃亡的生活。张爱玲的心也被牵走了。重情重义之人，不会轻易爱上一个人，更不会轻易放弃一个人。爱上与放弃，都需要勇气。在这段艰难的时日中，张爱玲就用自己的稿费接济远在天边的胡兰成。患难中的扶持对恩爱夫妻而言，是值得纪念和留恋的，然而如果一方移情别恋，对另一方的伤害也将是深不可测的。当她彻底决定放弃时，还是随信寄去了一笔稿费，不为别的，只为心底的责任。写作，真成了乱世中生存的“工具”，这“工具”是她的才华、心血和经历铸就而成。伤痕累累之后，饱满的才情也开始慢慢枯竭，她的心，真是凉了……

背负着“汉奸文人”的骂名，张爱玲被迫搁笔。对于这一切，沉默是最好的回应。不过，这对卖文为生的张爱玲来说意味着坐吃山空。生活的窘迫实在是件痛苦事。好在当年她还有一批忠实读者，他们要为张爱玲的《传奇》出增订本。从不为自己申辩打嘴仗的张爱玲觉得，这次有必要做一些澄清了，于是她在书的序言中写道："我所写的文章从来没有涉及政治，也没有拿过任何津贴。""也还牵涉不到我是否有汉奸嫌疑的问题，何况私人的事本来用不着向大众剖白，除了对自己家的家长之外仿佛我没有解释的义务。"

文字写作受阻的境遇逼她走上了戏剧创作之路，她再一次向世人展示了自己的才华。文华影业公司邀请她创作剧本，她与桑弧两度合作，完成了《不了情》和《太太万岁》。电影院门口排起了长队，等待购票，街头巷尾总能听到关于影片的谈论，人们再一次将目光投向了这位昔日的才女。

某些人，似乎只是为了某个时代而生的。这个时代里，有他们生存所需的养分，时代过去了，他们便要退去了。1949 年上海解放，这个在近代史上受尽欺凌的城市，迎来了一片红色的海洋。对于这个高喊口号"要团结一切可以团结的人"的时代，张爱玲感到了极大的不适应。旧上海的土壤逝去了，她感到自己的时代也已经结束了。1952 年她离开大陆赴港，1955 年又离港赴美。

张爱玲本想在美国重拾自己的辉煌，竟无奈语言不通，受众也难相通，创作一直默默无闻。赖雅（张爱玲后来在美国的丈夫）常年有病在床，还要给他治疗，他们的生活一度陷入贫困之中。她为了赚钱写了不少烂剧本，此时写作于她而言竟连工具都算不上，这对她是多么大的打击。当她的第二部英文小说《北地胭脂》(《粉泪》)被出版商退稿时，她沮丧极了。退稿意味着对她的否定，她从不善言辞交际，不善与世界直言不讳地对抗，写作是她向这个世界表达的唯一一扇门，然而这扇门也关上了。她的生命力再次枯萎。之后虽有不少作品见诸报端，但再也没了当年的气场。

直至她去世 15 年之后的 2010 年，尘封近三十年的《小团圆》

面世了。这位昔日的红极上海滩的才女，又给了我们重重一击。许多名家都写过自传，《小团圆》也算是张爱玲给自己的一生写的传记吧，没有人会不相信这传记是真的。里面的每一个人物，我们都能在她身边找到原型，一一对号入座。她说：“这是一个热情故事，我想表达出爱情的万转千回，完全幻灭了之后也还有点什么东西在。”更想来那余下的几十年的光阴中，她每天也都在回忆，回忆身后千疮百孔的岁月。

没有哪一个作家能如张爱玲这般，抛弃一切的目的与投机取巧，毫无顾忌地表达自己对生命的真切体验。有人说，张爱玲就是一个典型的小市民，一个典型的享乐主义者。生逢乱世，经历了人生苍凉，在她心里，或许只有紧紧抓住当下所有，仔细品味一番，才不枉虚度此生吧。与其说是享乐，倒不如说是她对生活的眷恋。

3

张爱玲这一生都离不开《红楼梦》一书的。她不单因读得烂熟而做些研究的事，著一本《红楼梦魇》——这于她实在也算不得什么太大的事，只是她一生的情怀都离不了红楼。她自己的小说写着各式各样的女子，实则她一直以来都是自觉于做个奇女子而立在这飘飘尘世之间的。

既是女子，便有纯然女子的心境，欲清，欲洁，一如黛玉葬花之时所唱：“未若锦囊收艳骨，一抔净土掩风流。质本洁来还洁去，强于污淖陷渠沟。”既是女子，便要见花而感怀的，即使欢乐如怡红群芳嬉戏之时，心底也不能不隐着终有一日春尽花落、身世飘零的凄凉的。而既是奇女子，便要比他人更细致地感触这世上种种人事，不过是梦呓般的絮语，她也要写得人心中凛然，非要直直写到人的心底不可。然而这种种，终究不过是为情而生，为情而去。恰如那《枉凝眉》曲子所唱，若说没奇缘，今生偏又遇着他，若说有奇缘，如何心事终虚化。

胡兰成说，张爱玲曾送自己的照片给他，背面写着："见了他，她变得很低很低，低到尘埃里，但她心里是欢喜的，从尘埃里开出花来。"那时，她见胡兰成亦不过只有四五回。

张爱玲从来是个心高气傲的人，从来对着尘世间的人与事只是冷冷观望。她对一切都似乎看得如此通透，所以可无牵无挂，无所羁绊。然而偏偏只对这人略见几回，就动了心，从此不能自已了。就像古龙故事中的白飞飞，她生来只有报仇这一个目的，却偏偏在初见沈浪时就爱上了这个人,又为他牵绊一生。到末了,她为他而死，只能念念，我的生命不过是笑话一场，而你是我人生中唯一的真实与快乐。这便是人们常说的命中注定。

彼时胡兰成每回去找她，总要絮絮地说上半天话，什么诗词文章，历史典故，似乎要将自己脑袋中所装的一切才学都搬出来才罢。这有意无意的讨好在她眼里却并不可厌，反倒是要说他极可爱的。她那时的言语还不多，只在更多时候，一双看透世事的眼去看面前这欢喜到颇有些手足无措的男子，觉得有趣，于是眼里都是满满的笑意了。

她开始迷恋起这微妙的氛围了。两个人在一起说话，那小弄堂里的屋子便仿佛从污浊恼人的尘世飘了起来。她原是时时听着窗下的电车声、市井声而自觉悠然，到了这时，市井忽然远了，小屋静谧了起来，她便只听得见他说话的声音了。他每夜走后，她去窗口看看月亮，街道已冷了下来，唯月光照着窗口这鲜活的脸庞。彼时的欢喜在心间骚动着，嘴角的笑早已温馨绽放。想来，他们后来在婚书里写的“愿岁月静好，现世安稳”，大约不过真是要把现在这般的日子一直延续下去的真实写照了。她从来都有些叛逆的样子，却在此时，愿意温顺地接受且回应他的好意了。

她骨子里本是极高傲的，一般庸俗凡人来说几句话，打发了事就罢了。唯有在他面前，那傲气的心忽然是低到尘埃里去了，且丝毫不觉得委屈。这便是纯粹爱着的女子吧。那低到尘埃并不是一般人说的自卑，“君若清路尘，妾若浊水泥”，而后是“愿为西南风，长逝入君怀”，这倒是一种非凡的气概了，恰如为悦己者容一般，都是女子独有的气概。

而事实是，她的心虽不能自已，她仍旧对于自己的这份接受亦看得通透。她心里明白，唯有他是真正懂得她的人。对于胡兰成来说，因为懂得，所以慈悲；而对于张爱玲来说，因为有人懂得她，所以她向来冰封的心，在他面前忽然温软了下来。她便如此开始感受到世间一种特别的美好。

胡兰成其实如宝玉一般，是颇有些识花的眼力与惜花之心的。后人读胡兰成的文，虽对于这薄情的人颇有微词，然而那《民国女子》的字里行间却告诉我们，他是真的懂得她的，懂得如此透彻。不管这感情到后来有着如何的变迁，他从来不用古时文人惯用的华美的词句来形容这个奇异的女子，而此文通篇，真是道尽了她不同于世间凡人的心性与触觉。

他觉得，天下人像他这样喜欢她的，他亦没有见过。谁曾与张爱玲会面说话，他都当它是件大事，想听听他们说她的人生得如何美，但他们竟连惯常的评头品足亦无。她的文章人人爱，好像看灯市，这亦不能不算是一种广大到相忘的知音，但胡兰成觉得，他们总不起劲。他与他们一样面对着人世的美好，可是只有他惊动了，且要去靠近欣赏的。

女子无论如何虽有些刚气，到底都还是柔软的。一旦他赏起了她对人事新奇的体悟，她便如归了母亲怀抱的孩子一般，有些恃宠而骄的可爱了。她将所有异于世人的见解一一地说出来，她知道他听了并且真心地赞赏，便满足了。而这说话已究竟并不是为了那些见解本身了。她又将自己的一切都展现在他面前，小时候的事情，现在的事情，说起钱财也并不为之遮遮掩掩，也并不去管这事情、这性子在世人眼里是好的或不好的。她只管尽情地将自己的一切都拿了出来，仿佛人间四月春日鼎盛时花朵的盛放，竟舒展到如此毫无纤尘、毫无褶皱的地步，令看花的人只觉得，不管什么颜色，什么形状，它都是好的了。

胡兰成在她的新鲜面前每每自愧，她却只觉得他的好，仿佛自己的好本来就是他身上的。她对世上一切事物都可冷冷地旁观且不用情，而唯独对他起了疼惜的意思。奇女子说到底也还是女子，无论如何的锦心绣口，也还是与寻常人家的女子一样，早在“情”字中心不由己了。与这“情”字比起来，锦心绣口不过是相互称赏时一些附加的花样罢了。其实渐渐走着，她是连他的称赏也不要的了，只要他切实懂了寻常女子的情意。然而到了这时，他却似乎真的不懂了。

4

“我生命里的温暖就那么多，我全部给了你，但是你离开了我，你叫我以后怎么再对别人笑。”

他的不懂，实际上是无法抗拒的自己的一贯本性。他有极高的才情和性情，他对众女子的爱怜是对爱情的温和与抒发，容易动情，更容易滥情，有些不计原则。她骨子里其实是一个最明智，最善良，又最自尊的女人，她爱他的才情与温润，更爱他的“懂得”。他懂她，懂得如此彻底。他知道她再也很难遇到喜欢她的人，所以，他可以恃情傲物，就如众人常说，谁先说出爱，谁就注定先输。

新婚不久便要别离，她还没来得及品尝爱情的甜蜜，胡兰成就去了武汉。这一次的别离，竟也成了两人的情殇。想来开始他也不是有意要背弃张爱玲的，只是后来无法抵挡诱惑罢了。青春飞扬的小周就是一枝娇嫩欲滴的花朵，惹得他不由得伸出了手去采摘。他与小周调笑打闹，追着叫着，他觉得自己是快乐的，没有觉出哪里不妥。他有宝玉识花和赏花的眼力，但没有宝玉那颗纯情的心。胡兰成将自己与张爱玲的婚姻毫无隐藏地告知了小周，小周本是妾所生的，对自己也要做妾的处境是无法忍受的。给这个小女孩一个婚礼，想来对自己也不会有大碍吧，胡兰成于是给了小周一场婚礼，算是一个承诺。与小周难舍难分之时，日本投降，他不得不丢下这个娇妻逃亡。这时他想起了张爱玲，还是回去看一看吧。与张爱玲聊天时，他毫不避讳地提起小周，以及与小周相处时的种种趣事。张爱玲一面微笑着，听着，心里却如乱刀砍下来一般，砍得人影子都没有了。一颗等待的心被击得粉碎，表面的不动声色掩盖不了骨子里的愤怒，哪个女人能受得了这些！这次波折，要说张爱玲还对胡有着不舍，那么后来胡兰成与范秀美的瓜葛，就成了两人最后的绝唱。

后来的逃亡中，他去了老同学斯颂德家，遇见了大自己两岁的范秀美，她是同学的小娘。起初，只是偶尔的接触，在他眼里，这个村妇是有几分姿色的。后来，迫于形势，他在范秀美的协助下逃到了其娘家温州。范秀美是一个温润的村妇，身材丰盈，面容姣好，应该算是没有才识的典型的传统妇女。对这个落魄的才子，她是有些崇敬的，亦如古代那些贤惠的妇女，在油灯下心满意足地为即将赴京赶考的丈夫缝制些衣服鞋帽。两人的感情顺理成章，后竟以夫妻名义同居。是亡命中的利用，还是情欲难却？后来胡兰成思考过，他总有自己辩解的理由。

你死了，我的故事就结束了，而我死了，你的故事还长得很。

《诗经》中早有告诫说："士之耽兮，犹可说也。女之耽兮，不可说也。"君本多变，侬仍痴情，似乎女人向来就比男人更痴情。胡兰成逃亡到边远小城的时候，张爱玲千山万水地找了去，在昏黄的油灯里重逢。她一路风尘仆仆远赴温州，一个是思念使然，另一个是，张爱玲本不是俗人，她要为这段情做一个了断。由于范秀美怕在娘家门上丢脸，胡张二人只能在旅馆里见面。原本以为只有小周，这次，敏感的张爱玲感到，胡兰成与范秀美之间已似亲人了，而自己才更像是多余的那一个，她和胡之间，早没了当初的心心相印。第二天，她要走了，胡兰成执意要去送她。天下着大雨，不知是在为谁哀哭。船渐渐离去，迷蒙雨中，滔滔黄浪，张爱玲撑伞望着胡兰成消逝的背影，泪如雨下。张爱玲是极少流泪的，与父亲反目时，她大哭过，在香港求学时有次放假好友没等她先回了上海，她伤心痛哭又去追她，再就是这一次……

后来，胡兰成曾悄悄来过上海处理家事。他在张爱玲处逗留了一夜，丝毫未对张爱玲表现过自责与愧疚，仍谈论他与小周、范秀美的相处。当夜，二人分室而居。第二天清晨，胡兰成起床，来到张爱玲床边，轻轻地俯身吻她。其实，张爱玲一夜未眠，她只是在痴痴地等待天亮，等待一个要由自己去宣判的结局。她伸出双手抱紧他，泪水涟涟，哽咽中她喊了一声“兰成！”再也抑制不住自己的感情恸哭起来。张爱玲的痛，并不能挽留住胡兰成的脚步。况且，她也已不再会去挽留这份残缺的爱情。

后来，张爱玲又给他寄过几次钱，直到胡兰成做了中学教员，生活有了着落。胡兰成的生活稳定下来后，张爱玲就给他写了封诀别信：“我已经不喜欢你了。你是早已经不喜欢我的了。这次的决心，是我经过一年半的长时间考虑的。……你不要再来寻我，即或写信来，我亦是不看了。”还附上了自己30万元的稿费。智慧，让张爱玲明了人生各个阶段应走的路，而宽容，让她对胡兰成仁至义尽。后来胡兰成也曾试图写信挽回，但张爱玲再也没回头过。至此，一段旷世奇恋谢幕。“我将只是萎谢了。”萎谢的却不仅仅是爱情。

两人有着某些契合，于是才有了交集，一段恋情华丽丽登场。然而在胡兰成的人生哲学中，是没有“钟情”这一课的。他认为人生中凡事都是好的，所以无可选择；自认为没有资格来挑选，所以不选择。是的，张爱玲是好的，小周是好的，范秀美是好的，还有他的原配，以及后来几个老婆，都是好的。他不加选择地在自己的人生路上来者不拒。“没有资格挑选所以不选择”，这只是他滥情的又一个借口罢了。他还说：“从小自己在老家，即使吃了再美味的东西，吃过也就算了，不会再去多要一份。”张爱玲就是他人生路上的那份美味，他吃过，也没有再贪恋。于是，张爱玲懂得了，于千万人之中遇见你所遇见的人，于千万年之中，时间的无涯的荒野里，没有早一步，也没有晚一步，刚巧赶上了，那也没有别的话可说，唯有轻轻地问一声：“你也在这里吗？”爱情不是用来长相守的，千回百转之后终将凋零，所以只需轻声问候。而人生的最大幸福，也莫过于你爱的人，他也正爱着你。

“他的过去里没有我，寂寂的流年，深深的庭院，空房里晒着太阳，已经是古代的太阳了，我要一直跑进去，大喊‘我在这儿，我在这儿呀！’”“他没说，但是显然不喜欢。他的过去有声有色，不是那么空虚，在等着她来。”这样的用情之深，已经到了灵魂深处，胡兰成的滥情就像一盆冷水，把所有的情都浇灭了。

他是她的全部，但她只是他的一部分，过去里没有，将来或许也没有，这就是两人的区别。张爱玲就是那只荆棘鸟，一生只为寻找到那根最长最尖的荆棘，刺进自己的胸膛，唱出世间最美妙的歌声！

那是她一生唯一一次爱情，她倾尽一生所有的心血，遂成就了这一段传奇。后来人于此中各自寻找心有戚戚处，或是“从尘埃里开出花来”，或是“因为懂得，所以慈悲”，或是“岁月静好，现世安稳”，然而她却始终比烟花更寂寞，世上几人懂得这奇女子之奇情？

5

不知道父亲是不是爱自己？或许在父亲眼里是没有爱的吧，他本身的恶习超越了身上的爱，他完全让别人生活在自己的阴影中。父亲就是现代的贾琏，喝花酒、票京戏、会友，纨绔子弟喜好的，他都无所不能。有时候，父亲也带她去，这些奢侈的玩意儿，小爱玲也耳濡目染，多少沾染了父亲的市侩习气。他让张爱玲跟弟弟在家接受私塾教育，偶尔也与张爱玲讨论诗词文赋，这个极富才华的女儿，多少给他挣了些面子，她要比体弱多病的弟弟更能赢得父爱。继母的介入，成了她与父亲关系破裂的导火索。母亲曾教她拿起画笔，描绘心中的斑斓色彩，这画面里，透着一个女孩对未来的梦想。画画，弹钢琴，进新式学堂，母亲曾试图把女儿变成理想中的自己。回忆中，上海的弄堂，洋楼，隔壁的咖啡店，老式的钟楼，还有父亲的大烟，继母的张狂，奢靡下的茫然，这些给了张爱玲无穷的创作源泉，也成了她一生的梦魇。

知己就好像镜子，照出我们天性中最美的部分。与姑姑在一起的日子是本真的。姑姑留学归来，在电台讲新闻，有着不错的收入，足以自食其力。姑姑幽默智慧，经常说着一些“冬之夜，视睡如归”的幽默，有着一种“清平的机智见识”，这给了张爱玲一些人间亲情的感觉。人的一生会和许多人相识，有的只是擦肩而过，有些却会一见如故。在港大与炎樱相识，炎樱的父亲是阿拉伯裔锡兰（今斯里兰卡）人，炎樱就颇有了些混血儿风采。“夏日热浪扑面而来，能闻见果肉的甜香，娇小玲珑晶莹剔透。”张爱玲总是能生出些奇特多彩的词语来，她就给她取了“炎樱”的名字。炎樱的颖趣奇巧，总会让这个乱世中人的乖戾变得不堪一击。张爱玲不善言辞，不会刻意讨好人，钩心斗角就更不用说了。炎樱如同赤子，天真喜悦，是她的互补，所以她喜欢。她们经常一起去吃东西，去购物，谈天说地，欢欢喜喜。炎樱还会拍照，我们看到的很多照片，都是炎樱的“杰作”。

姑姑和炎樱，是张爱玲生命中不需背负责难就能获得的真情感，给张爱玲的人生涂抹了少许几点亮色。“世景荒芜知己稀”，当在一起的点点滴滴都如云烟被乱世吹散之后，也还会留下点什么吧。

她原本打算去英国读书，欧战爆发了。辗转进了香港大学，未及毕业，太平洋战争爆发了。当红颜遇上乱世，失去的还不止这些……

如果不是与张爱玲扯上瓜葛，胡兰成顶多就是个无足轻重的汉奸文人罢了。而偏偏与传奇女子发生了一段奇缘，在以后的时日中，也好让这个感情不专的男人借此炫耀一番了。循着一篇《封锁》，胡兰成起了心，能写出此等文字的该是怎样的一个人？不幸被关入狱，等出狱以后，第一件事就是要去找寻这个女子。胡兰成当时的心情，应该是倾慕她的才情吧，更或者他内心还有一些非分之想。胡兰成出生于贫困之家，年少时曾爱过一个同乡的“四小姐”，四小姐要到日本留学去了，他本可以一块儿去，但是要四百块钱的船票，他买不起。经过多年的钻营后，胡兰成终于有了资本，去一次次地“爱”了。于乱世之中，有谁能够天长地久？或许胡兰成也看到了这点，他从不与哪一个女人天长地久。

“她永远看见他的半侧面……瘦削的面颊，眼窝里略有些憔悴的阴影，弓形的嘴唇，边上有棱。沉默了下来的时候，用手去捻沙发椅扶手上的一根毛呢线头，带着一丝微笑，目光下视，像捧着一满杯的水，小心不泼出来。”没有一颗痴迷的心，她不会有这么深刻的感觉，这感觉是深入骨髓的爱恋，即便她自己从未明确表明过。乱世中的小憩，他也爱上了这个亦仙亦俗的女子。“你脸上有神的光”，他会这样轻声对她说。他一吻她，一阵强有力的痉挛在他胳膊上流下去，可以感觉到他袖子里的手臂很粗，她想这个人是真爱她的。在后来的某一天，她开始觉得，过往就像长城一样，在地平线上绵延起伏，但是长城在现代已没有用了。战火纷飞中，这只不过是他偷偷打的一个盹儿，随后便又急匆匆地爱上了下一个女人。

他是她的前世今生，而她却不是他的今生今世，这段让她终生无法释怀的恋情，被爬满的“虱子”啃噬掉了。那凝练老到、新奇俊秀的笔，写尽沧桑人世的悲欢离合，却写不出一曲属于自己的圆满爱情。往事如烟，她是否还会忆起那点点滴滴的心伤？

与胡兰成的感情风雨飘摇时，她偶遇了桑弧。他比自己略大几岁，但是看上去比自己年轻。他高大而单纯，自己看上去似乎要比他年长。或许是经历使然吧，两人曾三度合作，创作了几部剧本，感情便是在这交往中萌生了。如果她是一个寻常女子，是应该会爱上这样一个男孩的，两人一块儿看电影，聊天，耍小孩子脾气……无奈原本的过往是不可逆转的。

移居美国，她与赖雅邂逅。一个 36 岁，一个 65 岁，竟也生出相见恨晚之感。在文艺营的日子，两个人无话不谈，谈文学，谈人生，谈情感，谈中美文化……赖雅搬出了文艺营，张爱玲把身上仅有的一点钱给了他。她总是这样舍身忘己。

婚后，他们度过了一段拮据而幸福的时光。这天，是张爱玲的生日。下午，赖雅早早地做好了饭，咸肉、青豆和米饭。张爱玲正在洗手，突然外面有人敲门。赖雅出去一看，原来是警察局来催缴账款的，要把他带走问话。他好说歹说总算支走了警察，因为今天是张爱玲的生日，他要给她一个幸福的晚上。吃过饭，他们徒步去看了一场电影，电影很感人，两人流着幸福的泪看完了。走在瑟瑟的风中，他们的心是暖的。后来，不幸发生了，赖雅突然中风了。经济拮据，居无定所，她不得不四处奔波换取稿费给赖雅治疗。患难夫妻，相濡以沫，虽然生活艰难，却也让张爱玲尝到了人间夫妻的烟火情。婚后第五年，为了解决生活困境，张爱玲不得不来港台寻找机会，赖雅感到妻子将弃自己而去。其间她得知赖雅中风昏迷，可是连回去的机票也买不起，只得等到写完剧本，凑到足够的钱，才奔回丈夫身边。直至赖雅去世，这十几年的光阴，她从未想过抛弃丈夫。从不显山露水的有情有义来得真切坚定，亦如胡兰成穷困潦倒又另结新欢时，明知要了结，却还是想多帮他一些。这一段往事，随着赖雅的离世，埋进了坟墓。

其后二十多年的独居生活，她深居简出，在寂寂的公寓中，她创作着，思索着。1995 年 9 月 8 日，中国传统的中秋节，一个万家团圆的日子，一个这世间月亮最为圆亮的夜晚，她追随月亮而去。她静静地离开了，没有亲人，没有送别，没有眼泪。“悄悄地，我走了，挥一挥衣袖，不带走一片云彩。”或许，她连衣袖都没有挥一挥就走了，带走了半个多世纪的落寞繁华。

往事如烟，不知道她是否也曾回首？

张爱玲曾说过，《诗经》中她最喜欢的就是那句“死生契阔，与子成说。执子之手，与子偕老”。“执子之手，与子偕老”，多么美好的人生画面！都说女人是水做的，我们有理由相信，在张爱玲的高傲、冷漠、世俗背后，是一个流着泪，渴望家庭与婚姻的小女人。但是，很不幸，她终其一生都未寻得。胡兰成带给她的刻骨铭心，像一场云烟，风轻轻一吹，就散开了，却透支了她这一生的爱的能量；赖雅带给她的奔波，也没让她奔波多久，就早早地结束了。正应了《红楼梦》中那句话——“赤条条来去无牵挂”，她真的没有牵挂吗？对此，她一直沉默。

情已逝，留下的，除了沧桑，便是回忆了。

因为爱，所以沉默；因为真诚，所以永远……